마음 오디세이아 I

그리스 여신들의
자취를 따라 떠나는 여행

# 마음 오디세이아 I

고혜경 지음

나무연필

**일러두기**

이 책은 치유상담대학원대학교 학술연구비 지원에 의해 이루어졌습니다.

이 책에 인용된 호메로스의 저작은 다음 책을 참조했습니다.

· 호메로스, 『일리아스』, 천병희 옮김, 도서출판 숲, 2015.

· 호메로스, 『오뒷세이아』, 천병희 옮김, 도서출판 숲, 2015.

머리말

# 우리는 모두 그리스인이다

"여러분은 모두 그리스인입니다." 박사 과정의 첫 신화 수업 시간, 심층심리학자 지네트 파리 Ginette Paris 의 입에서 나온 첫 문장이었다. 교실의 유일한 동양인이었던 나를 가리키면서 "너를 포함해서"라고 첨언하셨다. 뭔가 도발을 받은 것 같았지만 딱히 반박할 말도 없었던, 그 편치 않은 순간으로부터 시작된 듯하다. '내 안의 그리스', '우리 안의 그리스'를 말로 담아보려 씨름한 지 30년이다.

지중해 연안에 위치한 지리상의 그리스가 아니다. 나에게 그리스는 내면의 지형이고 상상의 세계다. 그리스의 신들은 내면 생태계의 다채로운 거주자들이다. 각각의 신은 저마다 고유한 스타일이 있고, 그들이 품고 있는 필요와 두려움과 갈망도 제각기 다르다. 고대 그리스인은 마음의 에너지나 원리를 의인화해서 특질을 부여하고 이름을 붙였다. 아테나, 헤라, 제우스, 헤르메스, 아프로디테, 디오니소스 등은 서로 관계를 맺으며 충돌하고 계략을 꾸미고 갈등을 빚고 화해를 한다.

고대 그리스인의 상상으로 태어나기 전, 내면의 힘들은 충동이고 본능이고 마음의 에너지였다. 막연한 무형의 힘보다는 의인화된 실체에 다가가기가 훨씬 쉬운 법이다. 그리스인은 정신의 움직임을 세분화하고 몸과 마음으로 감각해 구체적 이름을 붙였다. 지금 자신이 어떤 원형적 드라마에 연루되어 있는지 파악하게 되면, 막연히 혼란에 휘말리거나 압도하는 에너지에 삼켜지지 않을 수 있다. 그 대신 어떤 이슈를 다뤄야 하는지, 어떻게 해야 이를 존중할 수 있는지에 대한 실마리를 찾으면서 자기 문제를 통찰할 수 있다.

내면 생태계는 단일하지 않다. 다면적이고 중심이 여럿이다. 서로 다른 욕구, 의도, 스타일, 방향성을 가진 다수가 공존하니 복잡다단할 수밖에 없다. 상호 모순된 감정 때문에 마음이 찢기고, 이러지도 저러지도 못한 채 헤어나지 못하고, 내 마음을 나도 모르겠다는 탄식을 뱉는 것은 이 때문이다. 고대 그리스는 다중심적인 마음 패턴을 풍성하고 정교하게 그려낸, 지구상에 전무후무한 신화권이다. 여기에서 피어난 다신관多神觀은 복잡다단한 인간 정신을 상상하는 데 매우 빼어난 은유다. 다름을 존중하는 가운데 균형과 조화를 꾀하는 것, 이것이 그리스의 이상이다.

따라서 그리스 신화는 '잘 분화된 통합' 혹은 '다채로운 조화'를 모색하는 심리학적 모델이기도 하다. 『마음 오디세이아』는 흑백논리나 이분법으로 인해 극단으로 분열되어 신음하는 현시대에 대한 심리학적 대안을 모색해본 작업이다. 그리스인의 방식으로, 우리 모두 그리스인이 되어 동시대의 내면을 탐색하고 진단해보고 자 펼친 장이다.

∽

원형심리학자 제임스 힐먼James Hillman은 '심리학적 다신관polytheistic psychology'을 주창했다. 일신관은 하나의 렌즈로, 다신관은 다면의 렌즈로 나와 세상을 바라보는 것이다. 우리에게는 내면에서 저절로 올라오는 이미지, 다양한 감정과 정서, 모든 가능성, 기이한 도덕성조차 열린 마음으로 허용하고, 그 모든 것을 무엇이든 담아내는 넉넉한 마음 그릇이 필요하다. '심리학계의 사무라이'라는 별칭답게 제임스 힐먼의 심리학적 다신관은 대단히 도발적이고 매력 있다.

'보다'를 뜻하는 그리스어 아이도스aidos에는 뭔가를 보는 방식이라는 의미가 내재되어 있다. 우리말로는 시각 또는 관점에 가까울 것이다. 특정 시각으로 나와 세상을 바라보는 우리에게 심리학적 다신관은 도전적 아이디어다. 언제나 그렇듯 아이디어의 출현이란 그 덕분에 새로이 눈을 뜨는 것으로 이어진다. 그러니 아이디어는 거듭, 해방이 필요하다. 마음의 습꿜이라는 낡은 아이디어를 넘어 나와 세상을 새롭게 보기 위해서다. 심리학적 다신관이 나에게는 제임스 웹 망원경 같은 새로운 눈의 탄생이었다. 이러한 시각으로 마음 안 다채로운 우주를 정교하게 관찰하고, 나의 미지에 대해서도 눈을 열어간다.

주류 심리학은 갈등이 일어나 긴장이 고조되고 혼란에 빠지면 단일한 통합이나 빠른 해결책을 찾아 마음을 코칭한다. 반면 심리학적 다신관으로 접근하면, 내면의 다양성을 존중하기에 긴장을 인내하며 각기 다른 소리들에 귀 기울이게 된다. 단일성과 통일이 아니라 다양성과 차이를 추구한다. 허용을 통해 공존의 길을 모색하는 것이다.

그리스의 신들은 제각각 저마다의 욕구, 갈망, 두려움, 방향성을 표출하기에 상호 모순되고 때로는 위협으로도 다가온다. 그런데 신들의 다양한 목소리의 모호함이나 혼돈을 이해하다 보면, 결국은 생동감을 되찾고 역설의 지혜에 다다를 수 있다. 이때 마음에서 일어나는 자생적 소리들을 수용하고 상황을 견디는 힘을 길러야 하는데, 그러다 보면 저절로 유연해지고 다양성을 존중하게 된다. 한 상황을 바라보는 여러 시각을 위한 길을 마련하기에 삶은 훨씬 넓고 깊고 풍요로워진다.

'양성적 인간'이라는 칼 융의 가설이 널리 회자되어 이제 '여성성이 발달한 남성', '남성성이 발달한 여성'이라는 표현이 친숙하다. 여성성과 남성성이라는 용어가 젠더 이슈에서 자유로울 수 없으니, 그 대신 좀 더 중립적인 용어로 대치하면 음과 양이 될 것이다. 내면에는 다수가 공존하고 그 중심이 여럿이라 했다. 그러니 여성성이든 음의 원리든 단일이 아니라 다수임을 기억하자. 여신이 아니라 여신들이다.

그리스 신들의 세계인 올림포스는 남신과 여신이 각각 여섯, 총 열두 신이 균형을 이루고 있다. 신들이 분화될수록 여성성과 남성성의 이미지가 발달하고, 우리 삶의 복잡다단함, 비옥함, 독특한 경험을 다룰 수 있는 참고 문헌이 촘촘해진다.

이 책에서 나는 올림포스의 여섯 여신을 다뤄보았다. 데메테르와 페르세포네를 통해 인간사에서 가장 밀착된 관계인 어머니와 딸의 운명을 탐색했다. 이 사이에 내재된 필연적 이별을 어떻게 감내하는지, 그리고 그 아픔을 통해 어떻게 성장하는지 살펴보았다. 여신 아테나는 가부장 사회에서 딸로 태어난다는 의미를 반추할 이미지가 되어주었다. 아버지의 트로피 딸에게 돌아오는 혜택과 그림자를 함께 살피면서 아버지의 딸들에게 주어진 과제인 어머니 뿌리 찾기도 시도해보았다. 혼인의 여신 헤라를 통해서는 가부장제 혼인에 대해 질문을 제기하고, 혼인이라는 준엄한 언약이 진화의 한 과정임을 배웠다. 야생의 처녀신 아르테미스는 현대인이 가장 아득히 망각한 마음자리다. 그 무엇도 길들일 수 없는 야성의 힘을 탐색하고, 특히 소녀기에 아르테미스 여신의 보호 아래 있어야 하는 이유를 되새겨보았다. 미와 성의 여신 아프로디테를 통해 삶을 좀 더 우아하고 풍미 있게 만드는 비법들을 숙지했다. 마지막으로 화로의 여신 헤스티아를 살피면서 중심의 가치를 되새기고, 안전하고 따뜻한 마음의 집이 누구든 누리는 생명권이어야 함을 숙지했다. 이러한 여신들, 다양한 원형적 이미지들은 내 삶의 순간순간을 반추하는 데 풍요로운 배경이 되어주었다. 여섯 여신 모두가 내 마음속에 중요한 자리를 점유하고 있다는 사실도 새삼 확인한다.

여신들을 찾는 나의 궤적은 한 시기를 거쳐 다음 시기로 나아가는 단선적 발달이 아니라 끝없이 돌고 도는 나선적 발달이었다. 지난 30년간 같은 원형적 모티브들을 되풀이 탐색하고 있다. 나를 중심으로 나선의 반경이 점차 더 크게 그려질 따름이다. 나란 존재가 변치 않았을 터인데, 나 자신이 누구인지에 대한 앎이 점점 더 뚜렷하게 깊어진다. 여신들을 찾는 오디세이아는 결국 나를 알아가는 모험이었다. 이러한 원형적 모티브들은 앞으로도 내 탐색의 주제일 것이고, 『마음 오디세이아』는 새로운 스토리텔링으로 거듭 태어날 것이다. 여신들은 지치지 않고 또 다른 의미들을 잉태하며, 언제나 그 자리에서 나의 모험을 기다릴 것이다. 이 책이 각자의 마음을 여행할 때 유용한 지침이 되었으면 한다.

〜

아이도스가 시각이라 했다. 신화의 바다를 항해하는 아이도스는 언제나 아카데미에서 구축되었다. 신화의 비옥한 언어에 처음 눈 뜨게 해준 퍼시피카대학원 Pacifica Graduate Institute 에 감사드린다. 신화 와꿈아카데미에서 그리스 신화에 함께 설레었던 학생들에게도 고마움을 표한다. 지금은 이 매혹적인 주제를 치유상담대학원대학교 에서 탐색하고 있다. 이곳의 교수님들, 그리고 수업에서 도전받고 의심하고 감동하는 학생들에게도 감사드린다. 이들의 아이디어, 질문, 도발이 모두 이 책에 녹아들어 있다. 마지막으로 저자만큼이 나 책을 사랑하는 편집자와 함께 작업하는 최고의 기쁨을 선사한 나무연필에 고마움을 전한다.

# 차례

# 1장

# 데메테르
## Demeter

어머니에게 딸은 어떤 존재인가

아테네에서 지하철 공사를 벌이던 중, 선로와 나란히 놓여 있는 옛 길이 그 모습을 드러냈다. 오래전 '히에라 호도스Hiera Hodos'라 불렸던, 당시의 말로 신성한 길이다. 케라메이코스 역 근방에서 과거의 길과 현재의 길이 한 평면에 공존하는 현장을 보았다. 수직의 지층처럼 한 시대 위에 다른 시대가 시간 순서대로 쌓인다는 상식적 도식이 무너진 느낌이었다. 수천 년의 시간 간극이 소멸하는 땅, 그래서 '그리스는 영원하다'라는 노래가 쉼 없이 이어지나 보다.

어느 때부턴가 나도 이 노래를 부르는 대열에 동참하게 되었다. 조지 고든 바이런, 파블로 피카소, 지그문트 프로이트, 이고르 스트라빈스키를 비롯해 수많은 이들이 고대 그리스로 돌아가자는 주장을 했다. 이 움직임이 곧 르네상스인데, 이들은 한결같이 '이제 다시 르네상스'를 외쳤다. 각기 저마다의 길에서 영감을 따라 매진하다가 이 자리로 수렴됐을 텐데, 나는 원형심리학자 제임스 힐먼의 영향으로 이 클럽의 일원이 되었다. 그리스는 원형심리학의 메카이고, 나의 그리스행은 언제나 원형들 세계로의 순례다.

이 순례는 종교인들처럼 신을 경배하기 위한 것이 아니다. 인류 역사상 유독 찬란했던 고대 그리스를 찬양하거나 복원하기 위해서도 아니다. 표층의 한 켜만 살짝 들춰도 눌려 둔감해 있던 놀라움과 경이로움이 문 앞에 대기했다가 뛰쳐나오는 곳, 일상의 시간이 신화적 시간으로 탈바꿈하는 땅, 가시적 세계와 비가시적 세계가 씨실과 날실로 조밀하게 길쌈되어 있는 자리……. 그러하기에 그리스에 발 딛는 순간, 온 우주가 살아난다.

왼편에 우뚝 솟은 산이 이야기를 시작한다. 신에게 도전했다가 형벌을 받은 인간이 쉼 없이 산 정상으로 바위를 밀어 올린다. 지난한 고난의 형상이 머릿속 도화지에 그려진다. 발아래 펼쳐지는 티 없이 찬란한 푸른 바다에는 남신의 강압적 구애를 피해 달아나려 안간힘을 쓰는 여신의 공포와 절박함이 새파랗게 녹아 있다. 정방향으로 깎아지르는 산꼭대기의 아크로폴리스에는 여신께 최상의 전리품을 바치기 위해 오르내렸던 뱃사람들의 욕망이 아로새겨져 있다. 산도, 바다도, 건축물도 저마다의 이야기가 있으니 각각 의미 있는 존재로 다가온다.

그리스에서는 이성과 합리의 시멘트로 눌러 덮어둔 신화적 감각들이 아지랑이처럼 풀려나고, 오래 침묵하던 내면의 거주자들이 기지개를 켠다. 이곳은 인간 정신에서 이미지를 만들어내는 힘을 깨워내는 비옥한 상상의 토양이다. 여러 원형들을 의인화해 삶의 모습을 구체적으로 그려낸다. 상상이 실체로 피어나니 그리스는 원형심리학의 산실일 수밖에 없을 터.

• 고대 아테네의 랜드 마크인 아크로폴리스가
  푸르른 산의 꼭대기에서 한껏 그 위용을 드러
  내고 있다. 그리스를 순례하는 이라면 빠트리
  지 않고 마주하게 되는 곳이다.

이 여정은 노스탤지어가 아니라 노스토스nostos(긴 여행 끝의 귀환)다. 노스탤지어가 회귀 본능에 기반한 퇴행이라면, 노스토스는 새로운 건설을 위한 창조 행위다. 각종 도그마나 초자아의 압재로 묵살된 감각과 감정, 그리고 본능까지 되살리고 싶다. 살아 있는 우주에서 그 일원으로서 생명의 그물망을 섬세하고 생생하게 감지해내고 싶다. 문화와 교육으로 빚어진 내가 아니라 그 이전 본연의 자연스러운 나로 깨어나고 싶은 것이다. 신학자 하워드 서면Howard Thurman의 말처럼, 세상이 내게 필요로 하는 걸 묻는 대신 나를 살아나게 하는 게 무엇인지 묻고자 그리스 순례를 시작한다. 세상이 내게 필요로 하는 것도 결국은 진정으로 살아 있는 나일 것이다. 그렇게 그리스에서는 내면에 르네상스라는 마법이 부흥한다.

## 시간을 켜켜이 품은 길을 걷다

히에라 호도스는 신비로 향하는 길이다. 첫 수확의 시기, 해마다 이 길을 따라 긴 행렬이 이어졌다. 대지와 풍요의 여신인 데메테르를 숭배하는 의례다. 여신의 신비에 입문했거나 이를 준비하는 이들이 아테네에서 엘레우시스까지 24킬로미터에 이르는 이 길을 행진했다. 성인이 하루에 걸을 수 있는 거리지만, 마지막에는 평생 각인될 놀라운 일이 벌어지는 길이었다.

여신 데메테르가 처음 인간에게 농사의 비밀을 가르쳐준 곳이 바로 엘레우시스다. 지금은 엘레프시나라고 부르는 공업 도시다. 이곳에 있는 데메테르의 성소聖所에서 거행된 의례를 '엘레우시스 미스터리Eleusinian Mysteries'라고 한다. 자고로 의례에는 미스터리한 부분이 있는 법이지만, 노골적으로 '미스터리'라는 말을 붙여 강조한 이유는 이 의례가 철저히 비밀리에 행해졌기 때문일 것이다. 신비 중의 신비였던 이 의례는 기원전 8세기부터 기원후 4세기까지 기록이 이어지니 천 년이 넘게 지속되었다. 기록이 남아 있진 않지만 고대 그리스 시대에도 치러졌을 테니 실제로 의례는 그보다 더 오랫동안 거행되었을 것이다.

여신 데메테르를 섬기는 주요 의례는 둘이다. 하나는 테스모포리아Thesmophoria이고 다른 하나는 엘레우시스 미스터리인데, 모두 가을 수확기에 행했고 둘 다 비전秘傳이다. 테스모포리아는 여성만을 위한 의례였다. 이는 데메테르의 딸 페르세포네가 지하 세계로 납치되었다가 돌아오는 신화의 재현과 연관되는데, 대지와 여성 몸의 비옥함을 함께 축복하는 의례였다.

매해 9월 27일, 우리의 추석 무렵, 고대 그리스인들은 히에라 호도스를 따라 행진했다. 출발지는 아테네의 아크로폴리스 입구에 있는 신성한 문 앞이다. 성별, 연령, 국적, 지위를 막론하고 누구에게나 열린 행사지만, 그리스어를 구사하고 살인죄를 범하지 않은 사람만 참여할 수 있다는 단서가 있었다. 이 행사를 통해 여신의

• 고대 그리스에서는 매년 첫 수확을 거둔 뒤 데
메테르를 숭배하는 행렬이 히에라 호도스를
걸었다. 이 길은 현재 정비되어 있지 않지만,
곳곳에 표식이 있어 추적하면 따라갈 수 있다.

신비에 입문했다는 고백의 기록은 즐비하다. 하지만 의례의 핵심이 무엇이었고, 실제 의례에서 구체적으로 어떤 일이 벌어졌는지에 대해서는 알려진 바 없다. 입문 의식에서 경험한 내용을 발설하면 목숨을 내놓아야 했다는 사실만 알려져 있다.

현재 히에라 호도스는 제주 올레길이나 지리산 둘레길처럼 개발된 상태가 아니다. 하지만 곳곳에 표식이 있어 추적하면 따라갈 수는 있다. 이 길로 들어서면 천 년 이상의 자취가 자연 박물관처럼 간직되어 있음을 확인할 수 있다. 과거란 풍화되어 사라지는 것이 아니라 불연속적이긴 하지만 그 흔적을 남긴다. 세월의 첨삭이 만들어낸 자취 또한 선명하다. 과거를 재활용해 시대별로 각기 다른 옷을 갈아입으며 길이 이어지는 모습도 관찰된다.

시간의 흐름이 만들어낸 새로운 적응뿐 아니라 적극적 파괴와 약탈의 흔적 또한 선명하게 남아 있다. 영국인 토머스 브루스Thomas Bruce, 일명 제7대 엘긴 백작은 그리스 도처 약탈의 자리에 빈번히 등장하는 이름이다. 그는 파르테논 신전의 유명한 박공벽 부조뿐 아니라 곳곳에서 신전들 기둥까지 통째로 잘라내 자국으로 실어 갔는데, 그때 잘린 것 중 일부는 남아 지금도 교회 건물의 기둥으로 재활용되고 있다.

그리스 곳곳에 남아 있는 자취에서 엘레우시스 미스터리에 힌트가 될 만한 상징들도 발견된다. 양귀비 꽃, 밀 이삭, 석류, 횃불, 술을 바치는 제기祭器, 비밀 음료를 따르는 잔 등이 신전 박공벽이나 조각상에 각인되어 있어서 보물찾기 하듯 엘레우시스의 비밀을 엿볼 수 있다.

　신비에 입문한 이들 중 친숙한 이름들도 보인다. 철학자 소크라테스와 플라톤, 극작가 아이스킬로스가 히에라 호도스의 행렬에 참여했다. 이 길을 가장 상세히 묘사한 그리스의 지리학자 파우사니아스도, 순례자를 위해 댐을 건설하고 범람하는 강 위에 다리를 놓았던 로마제국의 하드리아누스 황제도 이 의례의 입문자였다.


## 유일신이 아닌 다신의 눈으로 보기

데메테르의 신비에 입문한 이들은 히에라 호도스를 걸으면서 아폴론 신전과 아프로디테 신전을 거쳐 갔다. 왜 그랬을까. 아폴론 신전에서는 아폴론뿐만 아니라 아프로디테, 데메테르, 페르세포네를 함께 숭배했다. 이성과 수학과 거리감의 신으로 평생 독신이었던 아폴론, 아름다움과 달콤함과 성의 여신인 아프로디테는 얼핏 봐도 궁합이 맞지 않는다. 하지만 그리스인들은 이들을 한 신전에서 나란히 섬겼다. 데메테르와 페르세포네는 모녀 사이니 가정이라는 울타리에 절대 가둘 수 없는 아프로디테와 함께 있을 조합은 아닌 듯한데, 히에라 호도스를 행진하는 동안 의례 참여자들은 아프로디테 신전에도 봉헌물을 바쳤다.

책으로 배운 그리스 신화와 현장에서 만난 그리스 신화는 자못 다르다. 평면적 신화 읽기는 이렇게 입체적 신화 읽기로 넘어간다. 신화의 새 장이 펼쳐지는 것이다. 현장은 훨씬 복잡다단하고 애매하다. 실제로 여신상을 목도하면, 누가 데메테르이고 누가 페르세포네인지 구분이 안 간다. 그래서 더더욱 호기심이 들고 수많은 물음이 생긴다.

우리에게 친숙한 그리스 신화는 호메로스나 헤시오도스 같은 대문호의 문학 작품이어서 당시 그리스인들의 믿음과는 차이가 있다. 그리고 신화는 구전 전통의 산물이라 수많은 이본들이 있다. 족보도 뒤죽박죽이고 이야기가 혼재되어 있어서 연구자들 사이에서는 이름과 별칭에만 기댈 수 있다고 말할 정도다. 구전은 구송하는 매 순간 살아나기에 정본이나 원조로 박제되지 않으며, 생명체로 보는 관점이 도움이 된다. 수많은 이본들은 전부 각각의 가치가 있다. 이처럼 단순하고 깔끔하게 떨어지지 않는 게 신화의 특질이자 매력이다.

그리스 신화에 다가갈 때 최고의 난제는 우리에게 익숙한 유일신의 시각을 극복하는 것이다. 그리스는 다신의 세계다. 개별 신의 영역이 구획되어 있되 서로 연결되어서 한 신을 다른 신에게서 떼어낼 수 없다. 오히려 신들의 상호 역동을 들여다봐야 이들을 더 깊이 이해할 수 있다. 그러면서도 그리스 신들의 세계에서는 각자의 고유한 영역과 힘을 철저히 존중한다. 어느 신도 우월하거나 열등하지 않고, 각기 온전하다. 저마다 강점과 약점, 밝음과 어둠이 공존한다. 이처럼 서로 다른 독특함 덕분에 개성도, 색채도 선명하고 다채롭다. 이 다름 사이의 조화가 올림포스의 이상이자 그리스 신화의 본질이다.

심리학적으로 말하면 유일신적 관점은 단일 렌즈로, 다신적 관점은 다양한 렌즈로 자신과 세상을 바라보는 것이다. 원형심리학자 제임스 힐먼은 인간 정신이 본래 다면체라 했다. 다신적 렌즈는 나와 타인을 이해하는 데 있어 정교하게 발달한 시각이다. 이 책은 고대 그리스 신화의 원형적 의미를 살피면서, 지금 나에게 그리고 우리 사회에 그것이 어떤 방식으로 작동하는지를 찾아가는 여정이다. 그러자면 필연적으로 심리학적 다신관을 이해해야 한다.

유일신의 눈으로 바라본다면 양립하기 어려워보이는 신들이 한 신전에 공존하는 현장이 익숙지 않을 것이다. 데메테르의 의례를 치르면서 다른 신전을 거치고, 그러면서도 전혀 갈등이 일지 않는 고대 그리스인들의 믿음이 낯설게 다가올지 모르겠다. 고대 그리스인들은 풍요에 죽음이, 추수에 아름다움과 성이, 농경에 정확한 절기 계산이라는 산술이 어떻게 함께하지 않을 수 있는지 우리에게 되물을 것이다. 익숙한 눈으로 다른 우주를 재단하고 평가하는 대신, 현상학에서 실재에 다가가기 위해 판단과 전제를 유보하는 '괄호 치기'를 하듯, 그렇게 있는 그대로 바라보는 태도가 그리스 신화를 탐색하는 바른 자세일 것이다.

## 죽음과 탄생이 어우러진 신비를 마주하다

여러 신전들을 거치며 숲길을 지나고 엘레우시스만을 따라 바닷가를 도는 이 행렬은 어떤 모양새였을까? 침묵으로 일관하는 엄숙한 분위기였을지, 시끌벅적한 난장이었을지? 걷기 명상처럼 진중하게 한 걸음 한 걸음 옮겼든, 악기 소리에 맞춰 장엄하고 힘차게 나아갔든 결코 가볍지만은 않은 발걸음이었을 것이다. 길 끝에 미지가 기다리고 있기 때문이다. 해질 무렵 어슴푸레 성소 중의 성소 텔레스테리온Telesterion이 언덕배기에 자취를 드러내면 어두움과 함께 두려움이 드리웠을 것이다. 행렬이 곧 여신의 성소 안으로 들어서기 때문이다. 텔레스테리온은 이 행렬의 입문식이 거행되는 신비한 자리다.

텔레스테리온 초입에는 아르테미스 신전과 포세이돈 신전이 있다. 데메테르가 딸을 찾아 헤맬 때 무희들이 여신을 위로하는 춤을 추었다는 칼리초론 우물도 보인다. 우물을 지나 길을 따라가다 보면 오른쪽 기슭에 봄을 맞아 지하

• 기원전 4세기 후반에 제작된, 데메테르를 위로하는 무희들이 우물에 앉은 모습을 형상화한 향로. 메트로폴리탄미술관 소장.

세계에서 페르세포네가 올라왔다는 동굴이 있다. 동굴 바로 앞에는 하데스 신전의 잔해가 펼쳐져 있다. 이즈음에 보이지 않는 금줄이 쳐져 있다. 이미 의례에 입문했거나 입문을 준비하고 온 이들만이 금줄을 지나 안으로 발을 들여놓을 수 있었다.

텔레스테리온은 은밀한 성소다. 기둥이 유독 많은, 50여 미터 너비의 장방형 건물이다. 내부에서의 의례는 신화의 극적 재현, 신성한 물품의 전시, 의례에 대한 논평으로 구성되었다고 알려져 있다. 클라이맥스는 지하 방에서 이뤄졌으리라 추측된다. 대사제가 신성한 무언가를 들고 나와 방 안에 있는 사람들에게 보여주면, 깜깜하던 방에 횃불이 물결처럼 번지고 어둠이 빛으로, 슬픔이 기쁨으로 탈바꿈했다고 한다.

그렇다면 이들이 본 것은 무엇이었을까? 이 누미노제numinose (신의 현존을 경험할 때 느끼는 놀라움 혹은 공포)는 농경의 여신 데메테르가 관장하는 '씨앗의 비밀'과 연관이 있을 것이다. 씨앗의 운명처럼 죽음과 탄생의 신비에 관한 내용이라고 가늠해볼 따름이다. 혹자는 사후 세계에 대한 비전이라 하고, 또 혹자는 페르세포네의 아들이라고도 하는 이악코스, 즉 신성한 아이의 탄생이라 한다. 통과의례란 항상 죽음과 탄생의 드라마인즉, 이는 분명 죽고 거듭나는 강렬한 경험이자 삶을 이전과 이후로 확연하게 가르는 체험이었을 것이다.

플라톤은 이 신비를 경험한 뒤 '최고의 행복'을 느꼈다고 기술했

• 엘레시우스 미스터리의 피날레를 장식했던
성소 텔레스테리온은 현재 그 터에 잔해만 남
아 있다. 오래전 이곳에서는 어둠이 깔리기
시작하면 신비로운 입문식이 열렸을 것이다.

다. 하지만 그의 찬사에는 신비의 내용이 빠져 있다. 지금의 우리로 서는 경험의 실체를 알지 못한 채 이상적으로 아름답다거나 종교 적 지복 상태라는 식의 묘사만 접할 수밖에 없다. 그러다 보니 신 비에 대한 한없는 부러움과 이를 오롯이 경험하고픈 갈급함만 더 해질 뿐이다.

## 새끼 잃은 어미의 광기에는 신성이 있다

니사의 들판에서 처녀 여신 페르세포네, 아테나, 아르테미스가 오케 아노스의 딸들과 놀고 있다. 갑자기 꽃을 따던 페르세포네 발아래로 땅이 열리면서 그녀는 땅속으로 삼켜진다. 페르세포네가 꺾은 꽃은 검은 수선화다. 이 순간 하늘에는 별이 빛나고 해가 있었다고 한다. 여신 데메테르는 지상에서 종적을 감춰버린 딸 페르세포네를 찾아 아흐레 밤낮 동안 산천을 떠돌며 울부짖는다.

데메테르는 대지의 비옥함과 풍요를 관장하는 여신이다. 그런데 위 신화에 등장하는 데메테르는 풍성한 수확이나 삶의 충만함과 거리가 있다. 시작은 그리스풍의 낙원 이미지다. 따스한 햇살 아래 처녀 여신들이 야생화가 흐드러지게 핀 너른 초원을 나풀나풀 뛰 어다닌다. 그야말로 삶의 봄날을 노골적으로 뽐내는 모습이다. 초봄의 그리스는 나라 전체에 꽃향기가 진동한다는데, 봄 내음과 함께 소녀들이 까르르 웃고 재잘거리는 소리가 바람결에 실려 다닌다. 갓 피어난 연분홍빛 설렘이 산천을 달뜨게 만드는, 그리 특별하지 않은 어느 날이다. 순수에 취한 삶의 봄날은 찰나만을 허용하는지, 데메테르의 딸이 납치되면서 모든 것이 달라진다. 봄날의 종말이다.

데메테르는 하루아침에 딸을 잃는다. 페르세포네는 땅 위 그 어느 곳에도 종적 하나 남기지 않은 채 감쪽같이 증발해버린다. 흔히 세상에서 가장 큰 고통을 자식 잃는 아픔이라고 한다. 죽음이 자식을 데려가기도 하고, 자식이 실종되거나 자식과 생이별하기도 한다. 신화는 이러한 폭력을 납치 혹은 강간으로 형상화했다. 하루아침에 벌어진 일은 삶이 자행한 납치이고 운명에 짓밟힌 강간일진대, 우리는

• 바로크 시대의 대표적인 조각가 조반니 로렌초 베르니니가 1622년경에 만든 대리석상, 〈페르세포네의 강간〉. 지하의 신 하데스에게 붙잡힌 페르세포네의 모습이 생생하게 묘사되었다. 보르게세미술관 소장. © Wikimedia Commons: Gian Lorenzo Bernini

한없이 '왜'라고 외쳐도 반향 없는 이런 자리로 끌려 들어가곤 한다. 데메테르는 처절하게 무력하다. 이 불가항력의 순간, 여신의 모습에 주목해보자. 데메테르는 머리를 산발한 채 울부짖으며 딸을 찾아 방방곡곡을 헤맨다.

운명이 어머니와 딸 사이를 찢어놓았다. 그런데 이 단절은 어머니라는 존재의 운명이기도 하다. 이 신화처럼 잔인하게 찢기느냐, 덜 파국적으로 갈라서느냐의 차이만 있을 뿐이다. 출산부터 그러하다. 한 존재는 탯줄을 잘라야만 탄생한다. 막 세상에 태어나려는 아이도, 이를 견뎌내는 어머니도 혹독한 산통을 치른다. 사춘기가 시작되면 다시 심리적 탯줄을 자른다. 혼인이야말로 또 다른 탯줄 자르기다. 아이가 자기 가정을 꾸리면, 어머니는 빈 둥지에 남는다. 한 존재의 성장이란 되풀이되는 독립의 역사이고, 이때의 분리는 어머니와 가정이 받아들여야 할 숙명이다.

상실의 순간은 몸이 안다. 생물학자 찰스 다윈은 이런 때를 "내장을 잃고 몸 전체가 텅 빈 듯하다"라고 표현했다. 아이를 낳아본 어머니라면, 이렇게 신체 일부가 빠져나가는 허함을 잘 알 것이다. 몸의 일부가 비어버리는 감각은 분명 자기 자신의 상실과도 이어져 있을 것이다. 이런 단절의 순간, 여신은 어떻게 했을까.

자식 잃은 어머니를 이상화한 이미지 가운데 가장 먼저 떠오르는 것은 피에타상이다. 십자가에서 내린 아들 예수의 시신을 두고 애도하는 성모 마리아의 모습을 떠올려보라. 아픔을 숭고하게 받아들이기에 고통조차 성스러워 보인다. 데메테르 여신과는 대조적이다. 피에타의 성모는 우아하게 절제하며 울음조차 안으로 삼키기에 그녀에게서는 무거운 침묵만 흐른다. 반면 데메테르는 머리가 풀뿌리처럼 뒤엉킨 채 온 산천을 떠돌면서 땅을 치고 울부짖는다.

만일 자식을 강탈당한 어머니에게 피에타상이 심리적 모델이라면 정신 건강을 심각하게 우려해볼 일이다. 실제 이런 어머니를 만난 기억이 선연하다. 서울에서 대학을 다니던 아들이 교통사고로 사망했다는 소식을 들은 날, 이분은 상경하는 택시 안에서 이 모든 것을 신의 뜻으로 받아들인다는 기도를 했다고 한다. 수십 년 전 일을 나에게 이야기해주면서도 온몸을 떨었다. 그렇게 거룩할 수 없는 인간인지라 독실한 신자로 피에타상을 모방하려 들 때 우울증은 예고된 진단이고 필요한 애도는 정체된다.

가슴을 쥐어뜯으며 짐승처럼 울부짖고 운명조차 원망하는 데메테르의 원초적 모습은 지켜보기 버겁지만 참으로 자연스럽다. 신의 행위는 신성하기에 여신의 통곡 또한 신성한 일이다. 여신 가운데 이런 아픔의 광기를 토로하는 모델이 있다는 사실만으로도 심리학을 하는 입장에서는 안심이 된다.

여신이 딸을 찾아 헤매는 동안 그리스 땅에는 풀 한 포기, 나무 한 그루 자라지 않는다. 풍요의 여신이 황폐해지자 땅도 불모지로 바뀌고 산천의 뭇 생명들도 불임 상태다. 내면에 나눌 수 있는 풍요가 사라졌는데, 의무에 짓눌려 무언가를 나누려 든다면 그것은 거짓이고 위선일 뿐이다. 이런 태도는 자신을 더욱 피폐하게 만든다. 그럼에도 익숙한 우리네 사는 방식이다. 극단적으로 고통스럽고 한없이 무기력할 때 강함을 입증하려 들고, 줄 거라고는 한 톨도 없을 때 베풀려 하고 나누는 데 몰두한다. 지금 내게 내어줄 것이 좁쌀만큼도 없다는 사실을 인정하고 "도움이 필요해"라고 말할 수 있는 이는 참으로 강인한 사람이다. "괜찮아"가 아니라 "괜찮지 않아"가 진실이고 용기다.

데메테르는 고통에 대해 처절하게 진솔하다. 그래서 여신인가? 여신은 씻고 먹고 자는 일을 멈춘다. 머릿결이 빛나는 아름다운 여신이라 칭송받았건만, 자신의 아름다움조차 혐오한다. 신화는 여신의 머리가 풀뿌리처럼 산만하게 풀어헤쳐지고 옷은 남루했다고 묘사한다. 이런 때 삶의 연료는 멈추지 않는 분노와 허무뿐이다. 생명의 젖줄이 마르자 세상은 온기를 잃는다. 여신은 올림포스 신들의 세계와도 단절한다. 자연과 신과 인간, 그 모든 것과 관계를 끊은 그녀를 지배하는 것은 잿빛 우울과 고립이다.

눈물이 아픔을 씻어 물기를 되돌아오게 한다는 말이 있지만, 여신의 통곡은 토양을 씻겨 나가게 해서 땅을 더욱 황폐하게 만든다. 현대 심리학에서는 이런 비탄을 신경증으로 진단하고 항우울제를 써서 더 이상의 낙하를 막으려 든다. 이는 자살률을 낮추는 순기능이 있다. 그런데 이와 상반된 의견을 펼치는 신학적 주장에도 새겨

볼 지점이 있다. 일상에는 더 높고 깊은 것이 깃들어 있지 않기에 이를 만나려면 내적 지진이라는 파국적 위험을 감내해야 한다는 것이다. 그렇게 본다면 항우울제가 삶의 심오한 깊이를 만나게 되는 신성한 체험의 기회를 박탈하는 셈이다. 신화에는 더 이상 추락할 데 없는 바닥에서 방향 전환이 일어나는 묘사들로 가득하다. 여신의 우울과 절망과 비탄은 이런 깊이에 닿아 있다.

누군가는 아픔이 너무 많은데 그만큼 충분히 울어내지 않아서 세상이 이 모양이라고 했다. 이성으로 방어하여 아픔을 마비시키는 현대인에게 왜 공황장애가 일상의 언어가 되고 트라우마가 이토록 일반화되는지 숙고해볼 일이다. 트라우마를 치유하려면 사건 당시에 다루지 못한 아픔을 온전히 겪어낸 뒤 이를 소화하고 방출하는 과정을 거쳐야 한다. 항우울제와 진통제도 필요하지만, 아픔을 직면하고 울어냄으로써 다음 단계로 넘어간다는 점도 간과할 수 없다.

삶의 드라마에는 상상조차 두려운 어둠과 절망과 무력감으로 떨어지는 순간이 있다. 이럴 때 부인이나 방어로 기운을 빼는 대신 분노와 오열, 원초적인 포효가 절실하다. 그것이 여신의 처절한 애통이 주는 교훈이다. 새끼 잃은 어미가 드러내는 광기에는 신성이 있다. 곡哭은 신성하다.

- 네덜란드의 화가 하르먼스 판 레인 렘브란트
  가 1631년경 그린 〈페르세포네의 납치〉. 페르
  세포네는 하데스에게 끌려가지 않으려, 데메
  테르는 그렇게 납치된 딸을 찾으려 안간힘을
  썼을 것이다. 베를린국립회화관 소장.

## 상실을 받아들일 수 없어 안간힘을 쓸 때

'그런 일은 있을 수 없어.' '절대 일어나선 안 되는 일이야.' 이는 상황을 받아들일 수도, 이해할 수도 없을 때 나오는 탄식이다. 세상에 영원한 것이 존재하지 않는다는 걸 머리로는 안다. 하지만 사랑하는 사람, 특히 어머니와 자식 관계에서 언젠가 반드시 이별할 수밖에 없다는 걸 가슴으로 받아들이기는 극히 어렵다. 자연히 이 관계가 파괴되는 순간의 분노는 영원한 것이 위협받은 데 따른 가공할 만한 폭발력을 지닌다.

흔히 슬픔, 분노, 절망, 좌절, 무기력에 자기 연민까지 더해 뒤범벅이 된 복합 감정의 만성 정체 상태일 때 가장 빈번히 보이는 반응은 떠난 존재를 부풀리는 것이다. 내 아이는 천사였고, 내 남편은 최고의 가장이었고, 내 아내는 세상에서 가장 사랑스러운 여인이었다. 이때 운명이 앗아간 것은 그 사람이 아니라 자신의 이상일지 모른다. 이상이나 완벽은 인간의 언어가 아니기에 지상의 존재를 수식하는 특질이 될 수 없다. 하지만 떠나버린 존재는 이미 천상에 거주하니 이런 수사가 가능한가 보다. 가장 취약할 때 인간은 완벽을 추구한다.

이 이상화와 나란히 붙어서 우리를 갉아먹는 짝이 자기 비난이다. '내 죄가 많아서' '내 잘못이 커서' 같은 감정에 고착된다. 하지만 기억할 일이다. 무의식적 자기 비난은 애도가 제대로 이뤄지지 않은 자리에 들어선다. 자기 실수나 잘못 때문에 비극이 일어났다고 여기니 지난날을 후회하고 자신을 책망하는데, 결국 모두 내 탓으로 귀결된다.

언젠가 군대에서의 의문사로 아들을 잃은 지 1년쯤 지난 어머니가 나를 찾아오셨다. "내가 아이를 육군에만 안 보냈어도……." 목구멍을 밀고 나오는 흐느낌과 함께 온몸을 떨며 이 말만을 되풀이하셨다. 아들은 해병대에 가길 원했는데, 훈련이 힘드니 육군에 지원하라고 자신이 권해서 이런 일이 일어났다는 것이다. 여신도 이과정을 밟는다. '이른 아침 딸을 밖에 내보내지 않았더라면…….' '그 아이가 노는 걸 가까이서 지켜보았더라면…….' 데메테르의 머릿속에서는 이런 무수한 가정법이 쉼 없이 물레처럼 돌아갔을 것이다.

죽은 자의 복원도, 이상화도, 자신에 대한 책망도 모두 상실을 받아들일 수 없는 안간힘이다. 대개는 애도 대신 죄책감과 씨름을 한다. 죄책감을 포기하지 않기에 그날의 사건이 끝없이 되살아나는 것이다. 이 도돌이표의 연료가 분노다. 융 분석가 로버트 존슨<sup>Robert</sup> <sup>Johnson</sup>은 죄책감이 진짜 감정이 아니라고 했다. 이 말을 염두에 두면서 상황을 반추해보자. 죄책감은 표현되지 않은 서러움, 억울함, 화, 슬픔, 절망, 무력감의 집합체다. 애도란 연루된 감정의 결들을 하나씩 풀어내어 소화한 뒤 갇힌 에너지를 방출해 흘려보내는 지난한 과정이다. 즉 애도가 충분히 이뤄졌을 때 죄책감이라는 실타

래는 자연스럽게 풀어진다. 그런데 현대는 애도에 인색한 시대다. 건강하지 못한 인습도 여기에 한몫을 더한다.

'자식 잃은 죄인'이란 말이 있다. 이런 소리는 아픔으로 찢긴 사람에게 가하는 집단 린치다. 극심한 고통을 겪은 이에게 위로와 공감 대신 죄책감을 면류관처럼 씌우는 것이다. 이런 무의식적 표현은 감정을 두려워하고 억압해온 문화의 산물이리라. 애도가 아니라 자기 비난을 강화해 상실을 소화하지 못한 채 고통 속에 살아가도록 일조할 뿐이다.

## 내면의 풍요를 회복하는 전환의 시간

온 우주를 질식시키는 데메테르의 슬픔과 분노가 바닥난 탓일까? 오르페우스 버전의 신화는 이러하다.

엘레우시스의 우물가에서 데메테르 여신은 땅에서 솟아난 여인 바우보를 만난다. 바우보는 여신에게 보리 음료를 건네지만 곡기를 끊은 데메테르는 이를 거절한다. 그러자 바우보가 치마를 걷어 올려 늘어지고 주름진 자궁을 드러낸 채 노골적인 춤을 춘다. 이 광경에 데메테르의 웃음보가 터진다. 그리고 보리 음료를 받아 마신다. 드러난 자궁 속에서 이악코스가 웃고 있었다고도 한다.

이 시절에는 웃음 치료가 발달하지 않았을 터인데, 웃음과 익살이 절망과 허무의 해독제라는 사실을 그리스인들은 알았나 보다. 여신 데메테르를 둘러싸고 있는 슬픔, 허무, 무기력을 한 방에 날려버리는 계기가 천년만년 산 듯한 노파의 고상하지도, 요염할 수도 없는 몸짓이라는 점은 기막히게 신선하다. 짙은 암울을 뚫고 실소가 터져 나오게 만드는 비법은 트릭스터trickster(법과 규칙의 틈새를 촌철살인으로 파고드는 권위의 파괴자이자 천재 장난꾼)의 힘이다. 바우보는 골백번 더 이런 아픔을 겪어낸 노파일 것이다. 아픔이 압도할 때 우리는 암울이라는 감옥을 만들어 그 안에서 영원히 벗어날 수 없으리라 생각한다. 이전의 자신도, 감옥 밖의 세상도 망각하게 만드는 것이 이 감옥의 무서움이다.

죽음의 에너지가 산 자를 지배할 때 생명의 불쏘시개가 그 틈새를 벌리는 징표가 웃음이다. 종종 이런 암울의 감옥 문을 여는 것이 여자들 사이에는 우정이다. 함께 먹고 자고 울고 웃고, 같이 욕한다. 땅에서 솟은 바우보는 고상함, 우아함, 지성과는 거리가 멀

• 기원전 3~2세기경 이집트에서 제작된 바우보의 테라코타. 알몸에다가 특이한 자세로 앉아 있는 이 노파는 슬픔에 파묻혀 있는 이들에게서도 웃음을 끌어내는 힘을 가진 존재다. 함부르크미술공예박물관 소장. ⓒ MKG Sammlung

어서 감히 위로를 해보겠다는 체 같은 걸 할 리가 없다. 땅의 힘으로 무장한 이 노파는 무엇이 적절한지 본능적으로 표현하는 지혜의 소유자다.

데메테르는 노파의 모습으로 엘레우시스의 왕 켈레오스에게 쉴 곳을 청한다. 왕은 노파를 두 아들 데모폰과 트립톨레모스의 유모로 들인다. 이 친절에 보답하기 위해 데메테르는 데모폰에게 죽음을 피해갈 수 있는 운명을 주려 한다. 몰래 데모폰에게 신들의 음식인 암브로시아를 먹이고 밤마다 불 위에 데모폰을 노출시켜 죽음을 맞아야 하는 인간의 숙명을 태운다. 불멸의 존재로 탈바꿈시키려 한 것이다.

어느 날 밤, 이 장면을 목격한 왕비 메타네이라가 놀라 소리를 지른다. 그러자 데메테르는 자신의 본모습을 드러낸다. 여신은 데모폰에 대한 계획을 거둔다. 그 대신 신화는 데메테르가 트립톨레모스에게 농업의 비밀을 전수했다고 전한다.

바우보가 선사한 웃음과 보리 음료는 다시 힘을 낼 수 있도록 데메테르의 숨통을 틔워주었을 것이다. 절망을 딛고 뭐라도 해보려는 여신은 유모가 된다. 잃어버린 페르세포네를 만회해보려는 보상 심리가 작동했을 것이다. 아울러 강탈당한 양육 본능을 충족할 수 있는 길이기도 하다. 품에 안고 젖 먹이고 살냄새 맡으며 눈으로 화답하고 몸짓으로 소통하는 대리 엄마와 아기다. 가장 큰 상실의 순간, 보상이든, 대치물이든, 또 다른 뭐라 설명을 붙이든, 데메테르는 다시 삶을 향해 손을 뻗는다.

　유모 데메테르는 밤마다 은밀한 계획을 실행한다. 데모폰에게 신들의 음식 암브로시아를 먹이고, 인간이면 피할 길 없는 죽음의 운명을 태워 없애려 한다. 초월신에 비해 그리스의 신들은 인간과의 차이가 크지 않아 보이지만, 영생하는 존재immortal와 죽을 운명을 타고난 존재mortal 사이는 하늘과 땅만큼 거리가 멀다. 인간은 절대 넘을 수 없는 금줄이 바로 이 지점이다. 소크라테스 덕분에 대중화된 아폴론 신전의 문구 '너 자신을 알라'는 본래 너는 신이 아니라는 준엄한 경고다. 데모폰을 불사의 존재로 탈바꿈시키는 것은 여신이 주는 최상의 선물일 수 있다. 아울러 이는 다시는 가혹한 상실을 겪고 싶지 않은 여신의 처절한 몸부림이기도 할 것이다. 또다시 잃을 수는 없기에 영영 빼앗기지 않는 길을 모색하는 듯하다.

　하지만 여신의 계획은 왕비 메타네이라의 목격으로 인해 수포로 돌아간다. 데모폰이 페르세포네가 될 수 없듯 데모폰의 엄마가 메타네이라라는 점은 엄연한 현실이다. 그 순간 데메테르는 여신의 본 자태와 위엄을 드러낸다. 그리고 데모폰의 동생인 트립톨레모스에게 농업의 비밀을 전수했다고 하는데, 이 결말은 의미심장하다. 영생의 실패가 농업의 전수로 이어진 것은 데메테르의 의식이 진화한 것으로도 볼 수 있다. 이는 페르세포네의 귀환을 암시하는

- 데메테르에게 농업을 전수받은 트립톨레모스는 이후 용이 끄는 수레를 타고 각지를 돌아다니며 농업을 전파했다고 한다. 기원전 160년경 로마에서 제작된 석관의 부조. 루브르박물관 소장. © Wikimedia Commons: Mbzt

대목이기도 하다.

농경 신화의 기본 토대는 씨앗이 땅에 떨어져 썩으면 봄에 다시 새싹으로 태어나는 것이다. 씨앗의 운명처럼 탄생과 죽음이 반복되는 것, 이 순환하는 리듬으로 인해 지구상에 생명이 계속 이어진다. 죽음이 포함된 가운데 생명이 계속되는 게 농경 신화의 근간이다. 데모폰을 영생하는 존재로 만들려는 시도에서 트립톨레모스에게 농경을 가르치는 방향으로 전환한 것은, 데메테르가 불멸에 대한 강박을 포기한 결과다. 농경은 곧 죽음을 삶의 과정으로 포함하는 리듬에 순응하는 것이다.


## 어머니 품을 떠나 더 큰 세계를 마주하다

온 땅에 풀 한 포기, 나무 한 그루 자라지 않자 당황한 제우스는 전령 헤르메스를 하데스의 세계로 보내 페르세포네를 지상으로 데려오게 한다. 딸을 다시 만난 데메테르의 기쁨은 이루 말로 다할 수 없고, 땅은 다시 생명으로 가득 찬다.

데메테르는 페르세포네에게 혹시 지하 세계에서 무얼 먹은 적이 있는지 묻는다. 그러자 페르세포네는 자신이 막 지하 세계를 떠나려는 순간 하데스가 석류 알갱이 몇 알을 건네주어서 이를 먹었다고 말한다. 이에 데메테르는 크게 놀란다. 지하 세계에서 무언가를 먹으면 그 세계에 속하기 때문이다. 이로 인해 페르세포네는 한 해의 절반은 지상에서 데메테르와, 나머지 절반은 지하 세계에서 하데스와 함께 지내게 된다.

그리스 신들의 세계에서는 개별 신의 자리가 뚜렷하게 나뉘어 있고 각 신들의 힘도 고유하다. 자연히 한 신이 벌인 일을 다른 신이 되돌릴 수 없다. 따라서 지상에 풀 한 포기, 나무 한 그루 자라지 않는 이 절체절명의 상황을 대지의 여신 외에 그 누구도 어찌할 도리가 없는 것이다. 천상의 신 제우스는 지하의 신 하데스에게 헤르메스를 전령으로 보낸다. 천상, 지상, 지하의 삼계三界를 마음대로 드나들 수 있는 헤르메스는 외교의 달인이니, 그가 무사히 페르세포네를 땅으로 데려와 데메테르의 비탄, 즉 땅의 황폐함을 멈추게 하려는 것이다.

이 장면에 석류가 등장한다. 석류 알갱이 몇 알이 이 드라마에 연루된 세 신의 운명을 바꿔놓는다. 신화는 하데스가 속임수를 써서 순진한 페르세포네가 이를 무심코 받아먹게 했다고 서술한다. 과연 그럴까?

사춘기 소녀의 심리를 떠올려보자. 석류 알갱이 몇 알 먹는 게 의미하는 바를 페르세포네가 의식적으로는 모를 수 있다. 자발적으로 한 행위도 아니다. 그렇지만 그녀는 본능적으로 엄마에게 돌아가 이전처럼 사는 게 자기 삶의 답이 아니라는 걸 알지 않았을까?

• 영국의 화가 단테이 게이브리얼 로세티의 〈페
르세포네〉(1882) 일부. 그는 같은 작품을 여
덟 번이나 거듭 그렸는데, 이것이 마지막 작
품이다. 석류를 들고 있는 페르세포네의 모습
에 도도함이 서려 있다. 버밍엄미술관 소장.

지하 세계는 완전한 미지다. 살아서 하데스의 세계로 들어가 살아 나온 존재는 그리스 신화 전체에서 손꼽을 정도로 드물다. 페르세 포네의 지하 세계 경험에는 아무 일도 아닌 듯 덮어버릴 수 없는 특별한 뭔가가 있지 않았을까? 이 의문은 엄마 데메테르의 입장과 딸 페르세포네의 입장을 가른다.

페르세포네에게 하데스와의 만남은 데메테르 여신이 생각하듯 한시 바삐 잊고 싶은 '악몽'만이 아닐 수 있다. 두렵고 놀랐지만, 더 큰 운명의 수레바퀴가 자기 삶을 굴리고 있다는 직관이 생겼을 것 이다. 그렇게 본다면 하데스를 만나기 이전과 이후의 페르세포네 는 다른 인물이다. 엄마 품이 세상의 전부가 아니라 또 다른 모험 의 세계가 있다는 걸 알아버린 것이다. 엄마의 어여쁜 딸로 살아가 는 삶은 이미 충분히 흥미롭지 않다. 페르세포네의 호기심은 더 커 다란 미지를 향해 확장된다. 신화는 데메테르의 진술로 이루어져 있다. 하지만 행간에서 이처럼 다른 시각을 연상해볼 수 있다. 석류 알갱이가 그 실마리다.

석류는 완전히 익어 열매가 벌어졌을 때 붉음과 꽉찬 씨앗과 과 즙이 매우 탐스럽다. 모양새는 효능과 친연성이 있나 보다. 속살의 붉은 달달함은 노골적인 유혹이다. 동서고금을 통틀어 팜므 파탈 들은 석류를 애호했다. 양귀비도, 아프로디테도 매일 먹었다고 한 다. 에스트로겐이 많이 함유되어서 특히 여자에게 좋다는데, 베트 남인들은 석류가 익어 벌어지면 수많은 자손이 태어난다고 여겼다. 오래전부터 석류는 대표적인 다산의 상징이다.

이번에는 과거로 돌아가 납치의 순간을 보자. 페르세포네가 만개한 꽃을 꺾자 땅이 아래로 열려버린다. 석류가 완전히 익어 열매가 벌어지는 이미지와 포개어 본다면 대단히 성적인 은유다. 데메테르의 풍요가 푸르름이고 누런 결실이라면, 석류의 풍요는 붉고 짙다. 빨갛게 타는 열정을 경험한 페르세포네를 데메테르는 인정하려 들지 않을 것이다. 딸이 여인이 되는 모습을 바라보는 어머니의 심정은 복잡다단하다. 내 품 안의 어여쁜 딸이 아니라는 사인은 위협으로 다가온다. 자신을 어머니로만 규정하며 살아왔던 데메테르에게 석류 같은 딸의 모습은 청천벽력이다. 이런 데메테르는 아마 딸뿐만 아니라 자신의 붉음도 억압하고 있을 것이다.

• 기원전 440~430년경 이탈리아에서 제작된 적회식 그릇. 지하 세계를 관장한 두 신, 페르세포네와 하데스가 우아하게 마주앉은 모습이 묘사되어 있다. 대영박물관 소장. © Wikimedia Commons: Marie-Lan Nguyen

이때 간과해선 안 될 사실이 있다. 지하 세계에서 페르세포네는 폭력의 희생자이자 어머니에게 돌아갈 날만을 고대하는 가여운 소녀가 아니라는 점이다. 그녀는 지하 세계의 여왕이다. 퀸queen은 흔히들 왕의 아내라고 여기지만, 본래 누군가의 아내가 아니라 여신이라는 말이다. 지하 세계 여신의 당당한 위엄과 풍모는 고대 그리스의 도자기, 회화나 부조 등에도 선명하게 간직되어 있다.

## 죽어야 비로소 사는 역설의 세계가 있다

지하 세계의 페르세포네가 하데스의 배우자라는 점은 명백하다. 그렇지만 하데스가 그러하듯, 이 여신 또한 신비로 가득한 존재다. 페르세포네를 생각할 때 가장 먼저 떠오르는 강력한 이미지는 납치 혹은 강간이다. 여신의 본질에 대한 탐색을 여기에서부터 시작해보자. 이 폭력적인 사건은 페르세포네의 운명을 어떻게 바꿔놓았을까?

오랫동안 나는 페르세포네를 순진한 희생자라고 생각했다. 그런데 하데스를 수식하는 형용사를 '나쁜'이 아니라 '깊은'으로 바꾸면서 신화를 새로운 눈으로 보게 되었다. 삶에서 맞닥뜨리는 방해물을 비롯해 심지어 적조차도 친구로 받아들이라는 불교의 가르침을 익혀가면서 비로소 이런 시각의 전환이 일어났다.

'순진함은 박살 날 필요가 있다Innocence needs to be shattered.' '세상 모르는 천진'이 누구보다 강했던 나에게 이 표현이 어느 날 번개처럼 뇌리에 꽂혔다. 이는 큰 깨달음이었다. 나에게는 순수, 천진, 정직,

착함을 지켜내려는 고집스러운 욕구가 있다. 아울러 깊이에 대한 열망도 그만큼 강렬하다. 이 모순된 욕구들 사이에서 지하의 신 하데스를 만났다. 서로 상반되어 보이는 이 욕구들을 존중하며 살아가는 비법은 하데스의 자리에 가야지만 알 수 있다는 것도 알게 되었다. 그런데 이 삶의 진리를 받아들이려 마음먹어 보지만 그 깊은 어둠의 세계로 떨어지는 순간은 언제나 납치고 강간이다.

문자 그대로의 강간이 언급조차 고심해야 할 민감한 이슈라는 걸 모르는 바 아니다. 성폭력이 한 여성의 영혼에 얼마나 치명적 상처를 입히는지 잘 알고 있다. 치유 작업을 하다 보니 너무나 빈번하게 일어난다는 사실을 늘 확인한다. 그런데 신화에서의 강간이나 납치는 상징이지 실제 사실이 아니다. 현대의 우리는 상징과 은유로 표현된 신화를 사실적인 마음의 습으로 읽기에 고도로 정교하게 직조된 신화의 다채로운 의미들을 읽어내지 못한다.

실제로 지하 세계에 자발적으로 걸어 들어간 이는 극히 드물다. 그리스인들은 하데스의 이름을 입에 올리는 것조차 두려워했다. 지상에 신전도 짓지 않았다. 그런데 하데스의 별칭은 '알려지지 않은 부富'다. 참 모순 같다. 하지만 지하 세계를 경험해본 사람이라면 그곳이 왜 부의 세계인지 안다. 아래의 글은 그 세계의 언저리에 있을 때 내가 쓴 일기다.

꿈을 꿀 수 있다는 기대조차 없다. 이전에 경험했던 것과는 전혀 다른 절망, 우울, 혼란이다. 여기에서 벗어날 길도, 힘도 없다. 뭔가 달라지리라는 생각이 들지 않아서 더욱 힘들다. 꿈이 전혀 기억나지 않는다. (……) 그러던 어느 날 드디어 꿈을 꾸었다. 내가 죽는 무서운 꿈이다.

하데스의 세계는 죽음의 자리다. 페르세포네가 그러하듯 자아는 영혼을 위해 죽어야 한다. 자아의 관점에서 보면 이는 완전한 절망이고, 더 떨어질 곳 없는 바닥이고, 세상이 끝나는 파멸이다. 살려는 발버둥을 쳐봐도 걸칠 실오라기 하나조차 허용되지 않는 자리다. 철저히 무력하고 온전히 헐벗게 만든다.

놀랍게도 이 자리에 반전이 있다. 신비라는 말로밖에 달리 표현할 길이 없다. 죽음의 자리가 거듭남의 자리로 탈바꿈하는 것이다. 어리고 천진한 페르세포네가 죽어 신비롭고 심오한 잠과 꿈과 죽음을 관장하는 지하 세계의 여신으로 거듭나는 비밀이 여기에 있다.

하데스는 죽음의 세계를 관장하는데, 이때의 죽음이란 자아의 죽음이다. 죽음이 선사하는 부는 영혼의 부다. 죽어야 비로소 사는 것, 이는 인생 최고의 역설이다. 불굴의 의지나 초인적 힘으로 대표되는 영웅 이미지는 아상我相의 성취를 묘사한다. 힘을 쓰는 게 아니라 힘을 빼면 더 유연해지고 더 큰 세계의 일원이 된다는 것을 아상의 견고한 틀은 결코 이해하지 못한다. 하데스의 세계로의 추락을 통해서만 우리는 영혼의 깊이에 다다를 수 있다. 필사적으로 벗어나려는 발버둥이 더 짙은 어둠 속으로 떨어지게 만들고, 칠흑의 두려움은 영웅적 힘을 무력하게 만든다. 불행인지 다행인지, 도망은 선택 사항이 아니다. 지난 삶을 회고해보면 두려움으로 죽을 것만 같은 이 자리가 바로 삶의 자리였다. 그토록 지키고자 높고 견고하게 쌓은 세상이 이상의 섬이라는 걸 비로소 배우는 자리이다.

  신화는 한결같이 싸움의 방향을 바꾸라 조언한다. 죽지 않기 위해 싸우는 대신 기꺼이 죽으려 싸우라 말한다. 저항하는 나를 멈추기만 해도 달라진다. 이상의 세계가 피상적이고 협소하고 불완전해서 영혼이 죽음으로 거듭나라고 추동을 하나 보다. 페르세포네는 살면서 필연적으로 거치는 죽고 거듭남의 드라마를 보여주는 훌륭한 모델이다. 죽음을 통해 비로소 과한 순진함과 무지와 좁은 시야에서 벗어난다. 자아가 아닌 영혼이 삶의 운전자가 되게 하는 것, 이것이 하데스의 풍요다. 신화에서의 납치와 강간은 이 지점에 이르면 영혼의 초대로 이해된다.


## 지극히 오롯한 자신을 찾아서

히에라 호도스 행진의 마지막에 거행되는 의례는 죽음에서 비롯된 새로운 탄생을 기념하고 상기하는 내용이었을 것이다. 플라톤

- 그리스 북부 베르기나 지방의 작은 왕릉에서 발견된 프레스코화 일부. 기원전 340년경 제작되었으며, 하데스가 페르세포네를 납치하는 모습이 묘사되어 있다. 페르세포네가 이전과는 다른 세계로 진입하는 순간이다.

이 왜 이 체험을 '최고의 행복' '천상의 희열'이라고 묘사했는지 조금은 감이 잡히는 듯하다. 인간 프시케가 여신으로 거듭나기 위해 해야 하는 마지막 과제가 왜 하데스의 세계로 들어가서 페르세포네에게 상자를 받아 나오는 것이었는지도 조금은 알 듯하다. 죽고 거듭나는 신비의 깊이는 그리스 어떤 신들도 아닌 오직 페르세포네 여신만이 줄 수 있는 선물이기 때문이다. 신화에서 지하 세계의 페르세포네에 대한 서술이 별로 없는 이유는 아마도 언어로 그 깊이를 표현할 길이 없기 때문 아닐까.

그런데 페르세포네가 체현하는 처녀의 순수와 죽음의 깊이는 한 사람에게 공존 가능한 것일까? 아니면 하나를 얻기 위해 다른 하나를 희생해야만 하는 것일까? 페르세포네가 한 해의 절반은 지상에서, 나머지 절반은 지하에서 지낸다는 결말은 나에게 공존의 가능성으로 다가온다.

내 삶에 주어진 행운 중 하나는 이런 성숙함과 천진함을 모두 품고 있는 여인들을 만나보았다는 것이다. 그중 페르세포네를 생각할 때 맨 먼저 떠오르는 여인이 있다. 신화를 배웠던 크리스틴 다우닝Christine Downing 선생님이다. 여성 신학, 신화학, 심리학 관련 책이나 논문에 자주 거론되는 명성 높은 분이다. 박사 과정에 들어가서 선생님께 신화 이론을 배웠는데, 할머니 교수님의 발랄함과 솔직함과 명철함은 충격 그 자체였다. 이전에 아카데미에서는 이런 생기를 만난 적이 없었다. 선생님의 열정과 발랄함이 학생들에게

서 뿜어져 나오는 애정의 눈길과 어우러져 교실의 공기는 늘 화려했다.

이 글을 쓰는 동안 안식 학기를 맞아 옛 학교에서 수업을 듣게 되었고, 다시 선생님을 만났다. 예전보다 확 나이 든 모습이라 첫눈에 낯설었다. 한국 나이로 아흔 살. 몸은 오그라들어 자그맣고 얼굴에도 주름이 깊었다. 내 눈이 기억하는 것은 70대 초반의 모습이라 그사이 세월이 실감났다. 그런데 선생님의 눈빛이 참으로 놀라웠다. 예전보다 더 반짝여서 주변 공기를 달뜨게 했다. 대단한 아우라였다. 과거에 보았던 총기와 반짝임과 소녀다움은 더욱 선명해졌다. 이 존재에 대한 감동이 내 눈에만 보이는 게 아니었나 보다. 선생님의 에세이에서 이런 에피소드를 읽은 기억이 있다.

런던의 근사한 레스토랑에서 선생님이 친구와 식사를 하시는데, 서빙을 하는 사람이 와서 '아름다운 여인'의 밥값을 지불하겠다는 한 손님의 청을 전했다. 감사히 호의를 받아들였고, 멀리 있는 신사분에게 목례하는 것으로 그 상황은 일단락되었다. 이후 우연히 그분이 예술가이고 프로이트의 손자였다는 걸 알게 되셨단다. 이 장면이 30~40대 미모의 여성에게 펼쳐졌다면 피식 웃을 일이다. 그런데 아흔에 가까운 나이에다가 전형적인 미인이라 할 수 없는 할머니에게 이런 일이 일어나다니, 멋지다! 이 예술가는 선생님 영혼의 아름다움을 보았을까? 사실 선생님은 철학자 마르틴 부버와 함께 프로이트가 자신의 지적 아버지라고 일생 말씀하셨다. 노년임에도 사람을 홀리는 아름다움에는 분명 소녀의 순수함과 하데스의 깊이가 함께 서려 있다.

이제 데메테르에게로 돌아가보자. 페르세포네와 데메테르를 한 인물로 보면 어떨까? 지혜가 쌓인다고 해서 아픔이 완화되지는 않는다. 하지만 시련을 견뎌냈을 때는 그 어떤 찬연함이 주어진다. 상실로 인한 비탄과 애도를 거치면서 삶의 깊이가 한층 더해지지 않았을까? 납치되어 죽음의 절망을 맛본 페르세포네와 제일 귀한 것을 잃고 울부짖으며 아픔의 바닥을 헤맨 데메테르는 각각 서로의 반쪽이 아니었을까? 절반이 겪어낸 상실과 절반이 겪었던 신비가 만나 하나 되는 것이 이 신화가 본래 예정했던 드라마인가 보다.

이 지점의 기쁨과 충만함이 모든 걸 내주려는 어머니와 세상은 온통 꽃밭인 줄 아는 어린 딸이 누리는 즐거움보다 훨씬 크고 온전하다. 데메테르는 '어린' 게 아닌 '깊은' 페르세포네를 만나고, 페르세포네는 '딸'이 아닌 '자신'으로 엄마를 만난다. 어머니로 자신을

- 에게해 동쪽의 미리나 지방에서 출토된 테라코타. 기원전 180년경에 제작되었으며, 데메테르와 페르세포네가 서로를 다정하게 바라보고 있다. 대영박물관 소장.

규정하던 데메테르는 참 자신이라는 영원한 처녀를 만나 더욱 온
전한 여인으로 다시 태어난다. 여성의 삶에서 이 둘은 어느 쪽도
상실해선 안 되는 두 가지 다른 모습이라는 걸 연륜을 더해가며 서
서히 알아간다. 진정 아름다운 여인이란 영원한 처녀이자 영원한
어머니다.

2장

# 아테나
**Athena**

여성의 지성,
그 빛과 그림자에 대하여

제우스의 첫 아내는 메티스다. 메티스가 낳은 아이는 신과 인간 가운데 가장 잘 아는 자가 될 것이라는 가이아와 우라노스의 예언을 듣고 제우스는 자신의 옥좌를 도전당할까 두려워한다. 이에 속임수를 써서 메티스를 삼켜버린다. 혹자는 변신의 귀재 메티스가 파리로 변했을 때 제우스가 양손으로 잡아 그녀를 삼켰다고 한다. 이때 메티스는 임신 중이었다. 메티스와 함께 삼켜진 태아는 제우스의 머릿속에서 무럭무럭 자란다.

어느 날 제우스가 산통 같은 두통을 호소한다. 옆에 있던 헤파이스토스가 양날 도끼로 제우스의 머리를 가르자 아테나가 우레와 같은 소리를 지르며 그 틈새를 박차고 나온다. 황금 투구를 반짝이며 온몸에 갑옷을 두른 채 손에 긴 창을 들고 나온 아테나의 찬란한 모습에 우주가 호응하고, 여신의 힘과 존재감에 신과 인간 모두 놀라서 떨었다.

온몸을 갑옷으로 무장하고 머리에는 화려한 투구를 쓰고 손에는 긴 창을 든 아테나. 여신이 당당하고 힘차게 세상으로 뛰쳐나오면서 지르는 소리에 온 우주가 떨었다. 신화에서는 이때 올림포스산이 흔들리고 바다에 파도가 솟구쳐 오르며 하늘에서 태양신 헬리오스가 놀라서 태양의 마차 운행을 멈추었다고 한다. 여신 아테나는 처음부터 힘차고 성숙하고 완전한 모습으로 세상에 자신을 드러냈다.

우리에게 친숙한 고전 시대 아테나는 용기와 지략의 여신이고, 법과 정의의 여신이자 자유와 민주주의의 여신이고, 공예와 복지의 여신이다. 예술에 영감을 부여하고 필요에 따른 발명을 하고 기술과 숙련을 중시하는 문명화의 여신이자 폴리스의 수호신이다. 실제 그리스의 여러 폴리스에서 아테나는 각 폴리스의 이름으로 지칭되었는데, 예를 들면 테베에서는 아테나를 테베라 부르고 미케네에서는 아테나를 미케네라 불렀다.

아테나의 여성성은 무엇보다 '아버지의 딸'이라는 표현으로 집약된다. 여신은 가부장의 머리에서 태어난 아버지 꿈의 체현이다. 지적이고 강인하고 용감하고 지략이 뛰어나고 독립적이

- 기원전 570년경 그리스 테베에서 제작된 꽃병. 제우스가 가운데 왕좌에 앉아 있고, 그의 머리 위에서 무장한 아테나가 탄생하고 있다. 루브르박물관 소장.

고 수려하다. 요즘 말하는 알파 걸의 원조인 듯하다. 자연히 여신은 아버지가 구축한 시스템을 존중하고 사랑하며, 남신들과 남성들 사이에서 편안하게 지내고 협력을 잘한다. 실제 수많은 남신과 남성 영웅의 멘토였는데, 페르세우스, 헤라클레스, 이아손, 아킬레우스, 오디세우스가 곤경에 처할 때마다 아테나가 나타나 바른 조언을 하는 장면이 신화에 즐비하다.

이렇게 남신이나 남성 영웅과의 관계가 두드러지다 보니 상대적으로 덜 친숙해서 쉽게 간과하는 지점이 있다. 아테나는 뭇 여인들의 멘토이기도 했다. 그녀는 현명한 조언으로 페넬로페, 아레테, 나우시카를 이끌어주었다.

아버지 머리에서 태어난 아테나는 실은 제우스가 집어 삼킨 메티스가 밖으로 체화된 모습이다. 아테나는 제우스의 머리에서 자라기 전에 메티스의 자궁에서 먼저 잉태되었다. 신화가 문헌을 넘어서서 예술이나 건축으로 확장되는 과정에서 아테나는 아버지 제우스와의 관계 이전의 모습, 즉 훨씬 고태적 이미지를 부인할 수 없을 만치 뚜렷하게 보여준다. 아테나가 아버지 제우스의 딸이자 동시에 어머니 메티스의 딸이라는 점을 모두 고려할 때, 복잡하고 애매해지지만 여신 본래의 특질과 힘의 근원에 한층 더 다가갈 수 있다.

# 여신을 꼭 빼닮은 파르테논 신전

그리스의 수도 아테네는 여신의 이름으로 불리는 도시다. 여기에 고전 시대 최고의 걸작, 파르테논 신전이 있다. '파르테논'이라는 이름은 여신의 별칭이자 처녀를 뜻하는 파르테노스parthenos에서 따왔다. 폴리스 시민들이 자신의 수호신을 위해 건립한 이 신전은 여신을 꼭 빼닮았다. 신전은 도시 한가운데 우뚝 솟은 요새 모양의 아크로폴리스 정상에 완벽한 위용을 드러내며 당당하게 서 있다.

파르테논 신전은 밤과 낮에 전혀 다른 느낌으로 다가온다. 밤에 아테네 도심에서 올려다보는 신전은 수려하고 부드럽다. 달과 함께 공중에 걸린 듯한 아크로폴리스는 여신이 살던 고대 세계가 지근거리에 다가온 듯 친근하고 따스하게 느껴진다. 도시가 잠드는 순간, 여신이 환하게 불을 밝혀 제 모습을 살포시 드러내는 듯하다.

반면 그리스 뙤약볕 아래에서 만나는 아크로폴리스는 확연히 다르게 다가온다. 인류가 건축한 불가사의한 아름다움에 가까이 다가가려면 오랜 세월 동안 수많은 발길로 마모된 반질반질한 대리석 계단을 수도 없이 올라야 한다. 마침내 파르테논 신전 앞에 서면 먼저 그 크기에 압도된다. '어떻게 돌로만 이런 우아함과 웅장함을 만들어냈지?' 탄성이 저절로 뿜어져 나온다.

신전의 아름다움은 기둥의 두께와 간격을 각기 다르게 배치해 어떤 각도에서든 완벽한 균형미를 느낄 수 있는 데서 비롯되었다.

• 밤과 낮의 파르테논 신전. 어두운 밤에 환한
빛을 뿜으며 높은 곳에 서 있는 신전은 수려
하고 부드러운 느낌을 주는 반면, 낮의 뙤약
볕 아래 신전은 우아함과 권위를 한껏 드러낸
다. © Wikimedia Commons: Ggia(위)

혹자는 수학의 황금 비율로 설명을 하나 실제로 계측해보면 그와
도 다르다고 한다. 분명한 것은 신전이 고도로 발달한 수학과 건축
술, 대리석을 다루는 장인들의 기예와 심미감이 결합한 예술의 결
정체라는 점이다. 물론 폴리스의 부도 이런 규모의 신전 건립을 가
능케 한 간과할 수 없는 요소다. 인류 역사 가운데 각기 다른 시기와
지역에서 여러 문명이 찬란하게 꽃피었는데, 그리스라는 걸출한 문
명의 완벽함을 집약한 예술이 파르테논 신전이 아닌가 한다. 파르
테논 신전은 인류가 영구히 보전하고자 하는 유
네스코 등재유산의 로고로도 사용된다.

파르테논 신전에서 디오니소스 극장 쪽으로
내려오다 보면 2009년에 이전, 개관한 아크
로폴리스박물관이 있다. 유리와 현
대 건축 자재로 파르테논
신전을 재해석한 인상
적인 건축물이다. 아크
로폴리스에서 출토된 유

• 아크로폴리스에 있는 에레크테이온 신전의
서쪽 지붕 박공 장식. 아테나가 거인의 공격에
맞서기 직전 숙고하는 모습이다. 아크로폴리
스박물관 소장. ⓒ Wikimedia Commons: Fcgsccac

물들이 이곳에 전시되는데, 입구에 들어서면서부터 투명한 유리 바닥 아래에 있는 유물들을 들여다볼 수 있다. 마치 고대의 시간과 선조들의 자취가 현재 우리가 서 있는 자리를 떠받치고 있는 듯하다.

전시된 유물 가운데 다양한 형태의 아테네 여신상들이 눈에 띄는데, 이들은 여신의 양가적 면모를 선명하게 드러낸다. 고요히 무언가를 응시하거나 골똘히 생각에 잠긴 진중한 모습이 있는가 하면, 이와는 전혀 다른 이미지도 있다. 강건하고 맹렬한 전사의 모습이 그것이다. 천하무적의 힘과 위용을 뿜어내는 신상 앞에 서면 모골이 송연해진다. 그 누가 감히 여신에게 대적할 수 있으랴! 전사일 때 그녀는 빈번히 뱀이나 고르곤(뱀의 머리카락과 멧돼지의 어금니를 가진, 그리스 신화에 등장하는 세 자매)과 함께 묘사된다. 이처럼 아테나의 이미지들을 조각상, 도자기, 회화에서 접하면 여신의 특질이 결코 단순하지 않다는 것을 알게 된다. 단일한 이미지로 그려내기에 충분치 않은 복잡성을 예술가들은 이렇게 다양하게 표현한 것이리라.

## 하늘이 두 쪽 나도 아버지의 사랑은 내 것

영광스러운 여신, 맑은 눈에 혁신적이며 불굴의 심장을 지닌 순수한 처녀, 도시의 구원자, 용감한 트리토게네이아Tritogeneia(아테나의 별칭으로 어원이 분명치 않은데, 바다의 신 트리톤과의 연관성을 들기도 하고 메티스, 제우스, 자신으로부터 세 번 태어난 여신이라는 의미라고도 한다), 팔라스 아테나에 대한 노래를 시작하겠다.

아테나 신화를 풀어내는 호메로스의 첫 문장이다. 찬사에 자긍심이 노골적으로 묻어 나온다. 아테나는 아버지의 꿈이자 이상이다. 자기 딸이 상상할 수 있는 최상의 가치들을 겸비한 존재라고 가정해보라. 여신은 현명하고 사려 깊으며 명쾌한 사고를 한다. 전략과 전술이 뛰어나고 리더십도 출중하다. 힘과 용기가 충만한 데다가 공정하기까지 하다. 자신감도 강해 모자람이 없다. 무엇보다 아버지가 구축한 세상에 대해 근본적으로 존중과 애정을 품고 있다. 그야말로 가부장이 꿈꾸는 아버지의 딸이다.

가부장 이념이 지나치게 공고한 한국에서는 아들, 특히 장자가 자신을 계승하기 바라는 아버지의 모습이 더 익숙할 수 있다. 남성성의 가치가 편향되게 중요한 의미를 지니며 가계란 남성을 통해서만 이어진다고 믿는 특이한 문화의 소산일 것이다. 그런데 이 문화가 그려내는 풍경이 내면의 풍경과 일치하지만은 않는다.

아버지와 아들은 한 여인의 사랑을 나누어야 한다. 애정을 쟁취하려는 경쟁은 이들의 태생적 운명이다. 아들이 힘 있고 뛰어나다면 그가 아버지의 자리를 탐하고 전복할 가능성은 더더욱 커진다. 언젠가는 퇴각할 운명과 언젠가는 딛고 일어설 운명의 공존은 감정적으로도, 정서적으로도 순탄하게 여겨지지 않는다. 이에 가부장 질서는 역린과 패륜을 운운하며 위계와 나이로 통제하고 힘과 권위에 무조건적인 복종을 강요하는 방어 전략을 만들어냈다. 그럼에도 아버지와 아들이 싸우는 수소들처럼 힘겨루기를 하거나 불꽃 튀는 긴장감을 보이는 모습은 쉽게 찾아볼 수 있다. 이런 측면에서 본다면, 오이디푸스 콤플렉스는 동서를 뛰어넘는 보편적 심리 가설일 것이다.

그런데 올림포스의 2인자는 아폴론도, 아레스도 아닌 아테나다. 호메로스는 신들의 이름을 열거할 때 언제나 제우스 다음에 아테나를 언급한다. 아테나를 향한 제우스의 노골적 편애에 대해 아들들은 불평을 늘어놓는데, 다음은 『일리아드』에 언급된, 아레스가 내뿜는 폭발이다.

> 아버지 제우스여! 이런 난폭한 짓을 하는 걸 보고도 노엽지 않으십니까? (……) 우리 모두가 그대의 적입니다. 그 까닭은 언제나 못된 짓만 꾀하는 파괴적이고 분별없는 딸을 그대가 낳으셨기 때문입니다. 올림포스의 신들은 모두 당신 말을 듣고, 우리는 누구나 당신께 순종합니다. 그렇지 않은 이들에게 당신은 당장 벌을 내리시겠지요. 하지만 그녀만은 당신이 말이나 행동으로 벌주지 않고 너그럽게 봐주십니다. 그 파괴적인 딸을 당신이 몸소 낳으셨기 때문입니다.

아레스는 전쟁의 신답게 호전적으로 분노와 원망과 좌절을 쏟아 낸다. 신화학자 크리스틴 다우닝은 가부장 문화의 핵심이 딸에게 미치는 아버지의 힘에 있다고 진단한 바 있다. 아이러니하게 들릴지 모르지만, 딸이 아버지에 속한다는 느낌과 아들이 아버지에 속한다는 느낌에는 차이가 있다. 딸은 아들만큼 아버지와 힘겨루기를 할 필요가 없다. 아버지의 딸들은 애써 아버지 세계의 자랑스러운 일원이 되려 하고, 애써 아버지의 꿈을 실현하려 들고, 애써 아버지와 비전을 공유하고, 애써 아버지에 속하는 것들을 지키려 든다. 그렇기에 거기에는 모종의 과장이 있을 수밖에 없다. 이 과한 '애씀'이 자연스럽지 않다는 것을 공모자들이 인식하지 못할 뿐이다. 아버지를 독점할 뿐만 아니라 사회적 칭송과 혜택까지 주어지니 굳이 파헤쳐 알 필요가 없을지도 모르겠다.

아버지의 딸들은 지적 관심과 야망을 아버지와 공유하기에 가부장이 구축한 사회에서 이름을 떨치고 사회적 성취를 이루는 데 유리한 고지에 있다. 아버지로서는 자기가 가진 최상의 것을 아들에 비해 거리낌 없이 딸에게 줄 수 있고, 딸은 아버지의 세계를 마음껏 누릴 수 있다. 언젠가 옥스퍼드 대학을 졸업한 지인이 그 대학을 다녔던 많은 한국인 여학생들은 아버지의 딸들이라고 말한 적이 있다. 아버지의 꿈을 자랑스럽게 살아내는 딸들이 모여든 자리이고, 아버지는 딸들의 총명함을 지원하고 자랑거리로 삼으며 이들 뒤에 든든히 버티고 있다.

이 범주에 속하는 딸들의 내면 풍경을 가늠해볼 수 있는 신화의 한 장면이 있다.

트로이전쟁이 한창이다. 제우스는 전쟁의 종식을 바란다. 하지만 아테나는 아버지 뜻을 거역하고 트로이를 완전히 파괴하려 든다. 이에 진노한 제우스가 계속 그런다면 그리스를 파괴하겠다고 위협하며 딸에게 아버지와 싸우는 게 어떤 건지 알게 해주겠다고 한다. 이 순간, 아테나의 반응이다.

"아버지는 자기 무릎에다가 입 맞추고 수염을 쓰다듬으면서 도시를 약탈한 아킬레우스를 기리도록 간원하는 그의 어머니 테티스에게 마음을 빼앗겨서 지금은 나를 싫어하시지. 하지만 조만간 아버지가 나를 '사랑하는 은빛 눈의 딸'이라고 부를 때가 올 거야."

유일하게 아테나와 제우스의 동맹에 금이 간 순간이다. 그럼에도 여신은 아버지가 자기편이라는 것을 믿어 의심치 않는다. 나는 이 태도가 아버지의 딸들이 가부장 사회를 살아가면서 내적으로 장착한 프리미엄이라 생각한다. 올림포스에서 가장 강력한 아버지의 천둥 같은 대노와 위협에 여신은 전혀 겁먹지 않는데, 이는 아버지가 눈에 넣어도 아프지 않은 자기 딸에 대해서는 하늘이 두 쪽 나도 변치 않는 일편단심이라는 걸 잘 알고 있기 때문이다. 아버지 마음을 자기에게 되돌리는 정도는 고민거리조차 아니다.

## 처녀이자 어머니, 도시와 문명화의 여신

데메테르가 농경과 풍요라는 땅의 비옥함을 선물하는 여신이라면, 아테나는 도시와 문명화를 사랑하는 여신이다. 아테나를 농업의 여신이라고 부르는데, 얼핏 보면 데메테르와 충돌하는 듯하다. 하지만 농업에 있어서 두 여신의 자리는 확연하게 구분된다. 데메테르가 자연의 풍요와 땅의 비옥을 관장한다면 아테나는 농업 기술과 관개수로, 경작법에 관여한다.

아테나가 인류에게 최초로 올리브 나무 경작을 가르친 일화는 유명한데, 그녀가 올리브 나무를 선물한 것을 본격적인 농업의 시작으로 본다. 나무의 입장에서는 야생에서 살다가 경작을 통해 인간의 터전으로 들어온 것이다. 올리브 나무는 열매와 기름뿐 아니라 목재도 우수해서 이 나무의 경작은 곧 경제적 번영을 약속하는 것이었다. 오늘날까지 그리스에서 올리브 나무가 얼마나 주요한 의미를 갖는지 고려해보면 다음 신화가 더욱 생생하게 다가올 것이다.

누가 폴리스의 수호신이 되느냐로 포세이돈과 아테나가 겨룬다. 시민들에게 최고의 선물을 하는 이를 수호신으로 삼겠다는 결정이 나자, 포세이돈은 시민들에게 샘물을 주겠다고 약속한다. 그가 삼지창을 땅에 내리꽂자 그 자리에서 샘물이 펑펑 솟아난다. 아테나는 자신의 창을 땅에 꽂은 뒤 그 자리에 올리브 나무를 심어 시민들에게

● 프랑스 화가 르네-앙투안 우아스가 1689년
경 그린 〈도시 아테네의 이름을 둘러싼 미네
르바와 넵투누스의 분쟁〉. 미네르바는 아테
네, 넵투누스는 포세이돈의 로마식 이름이다.
여러 신들의 싸움 관전이 묘사되어 흥미진진
한 분위기를 띤다. 프랑스역사박물관 소장.

선물한다. 올리브 나무는 평화와 번영의 상징이다. 포세이돈이 준 샘물에는 염분이 섞여 있어서 아테나가 경쟁에서 승리를 거둔다. 결국 여신이 폴리스의 수호신이 되고, 여신의 이름을 따라 폴리스의 이름도 아테네라 짓는다.

『오디세이아』의 서사는 처음부터 끝까지 아테나와 포세이돈의 싸움으로 점철되어 있다. 이 경쟁에서 아테나가 승리를 거두면서 그녀는 폴리스의 수호신이자 공동체의 여신으로 확고한 지위를 확립한다.

아테나는 문명화를 위해 무수히 많은 창조를 하는데, 그녀의 창조물은 필요의 산물로서 일상에 쓰이는 실질적인 것들이다. 길쌈, 도예, 대장장이 일은 여신의 선물이었고, 각종 무기와 군장뿐 아니라 농기계, 수공예품, 악기도 발명했다. 쟁기, 갈고리, 소코뚜레, 말안장, 마차, 배, 트럼펫, 플루트 등이 여신을 거쳐 세상에 태어났다. 그런데 창조, 창작, 발명, 예술이라고 하면 공예의 신 헤파이스토스가 떠오른다. 두 신은 서로 밀접하다.

아테나와 헤파이스토스가 가까웠다는 사실은 아테네에도 그 자취가 선명하게 간직되어 있다. 파르테논 신전에서는 지근거리에 있는 헤파이스토스 신전이 내려다보인다. 이 도시에서는 아테나 숭배가 압도적이었지만 헤파이스토스 숭배도 널리 행해졌고, 한여름의 주요 축제 때 두 신을 모두 섬겼다. 아테네는 공식적으로 헤파이스토스 숭배가 이뤄진 유일한 곳이기도 하다.

아테나와 헤파이스토스는 친하다. 그런데 잘 알려져 있듯 헤파이스토스는 아프로디테와 혼인한다. 아테나에게 헤파이스토스는 자신의 영감과 예술혼을 존중하고 북돋워주는 소울메이트다. 헤파이스토스에게도 아테나는 일생 특별한 존재였다. 그는 아테나에게 애정과 우정 사이의 애매한 감정을 품기도 하는데, 이는 에리크토니오스 탄생 신화에 잘 묘사되어 있다.

아테나가 무기를 구하려 헤파이스토스를 방문한다. 헤파이스토스는 강력한 욕망을 주체할 수 없다. 여신을 유혹해보지만 아테나는 강한 의지로 달아나 자신을 지킨다. 헤파이스토스에게 잡혀 강간당할 뻔한 아테나가 몸을 피하자 헤파이스토스의 정액이 땅에 떨어진다. 땅이 정액을 품어 에리크토니오스가 태어난다.

• 땅에서 솟아오른 가이아가 아테나에게 에리크토니오스를 건네주는 모습. 뱀의 꼬리를 가진 아티카의 왕 케크롭스가 그 옆에 있다. 기원전 460년경 그리스 밀로스에서 제작된 점토상을 본떠 그린 삽화로, 빌헬름 로셔의 『그리스 로마 신화 사전』(1845)에 수록되었다.

대지의 여신 가이아가 품은 에리크토니오스는 태어난 뒤 아테나에게 건네지는데, 많은 예술 작품들이 이 장면을 포착해 형상화했다. 아테나는 아이를 입양해 양육하며, 에리크토니오스는 이후 고대 아테네의 지배자가 된다.

출산과 무관한 처녀신이지만, 아테나는 올림포스 처녀신 가운데 유일하게 고대 그리스인이 어머니라 부르는 여신이기도 하다. 어린 사람들의 교육과 사회화에 열정을 쏟았기에 그녀의 모성은 공적 영역에 집중적으로 관여한다. 통상적으로 생물학적 고착에 머무르곤 하는 어머니 개념이 아테나를 거치면서 이렇게 한층 자유롭게 확장된다. 아테나의 처녀성은 은둔자처럼 고독한 삶을 추구하거나 관계에 대한 억압 혹은 회피에서 비롯된 것이 아니다. 그녀는 홀로이되 본능이나 열정이 아니라 영혼에 기반한 상호 간의 창의성을 존중하고 육성한다.

아테나와 헤파이스토스는 창조를 위한 영감과 열정을 함께 나눈다. 하지만 창조에 있어서 이들 사이에는 뚜렷한 차이가 있다. 헤파이스토스가 내향적이라면 아테나는 외향적이다. 헤파이스토스는 대부분의 시간을 림노스 동굴 속 불 앞에 앉아 혼자 땀 흘리며 씨름한다. 마침내 결과물을 세상에 내어놓을 때면 신과 인간 모두 그 예술품에 탄복한다. 반면 아테나는 매일의 일상과 직접적으로 관련된 것들을 만들어내고, 공동체가 필요로 하는 예술에 헌신한다. 헤파이스토스의 예술이 천재성과 영감의 결정체라면, 아테나의 예술은 가르침을 통한 숙달의 결실이다. 이들이 만들어낸 예술품에서 드러나는 선명한 차이는 두 신의 심리적 토양의 차이에서 기인할 것이다.

헤파이스토스의 예술혼은 자신의 장애와 상처에서 비롯된다. 반면에 아테나의 예술혼은 자부심과 공익을 위한 헌신을 바탕으로 한다. 공동체의 일상과 실질적 삶을 유지하고 향상시키는 것이 아테나의 주 관심인지라 그는 도시와 문명화의 여신인 것이다.


## 불화와 분노마저 녹여내는 말의 힘

고대 그리스만큼 말의 예술인 수사학이 중시된 사회는 없을 것이다. 신전이나 거리에서 음유시인들이 노래를 하거나 철학자들이 열띤 논쟁을 벌이는 장면은 그리스를 생각할 때 자연스럽게 떠오르는 풍경이다. 여자대학의 전신이라 할 수 있는 사포의 학교에서는 주요 교과 과정에 웅변술이 포함되어 있었다. 적절한 어휘와 문법을 사용하고 표현 양식을 개발해서 대화가 씨실과 날실처럼 우아하게 직조되는 것은 그야말로 예술이다. 아테네의 비극 시인 소포클레스는 행위가 아니라 말이 인간 삶의 전부를 지배한다고 했다. 이렇게 수사학이 존중되는 문화가 우리로서는 낯설다.

앵무새의 재잘거림으로 비유되는 빈말이나 피상적인 대화에 익

• 고대 그리스인들에게 극장은 치열한 생각의 향연이 펼쳐지는 장이었으며, 이 전통은 지금까지 이어지고 있다. 사진은 로마 시대에 아크로폴리스 아래 건축된 헤로데스 아티쿠스 극장으로, 요즘도 걸출한 공연들이 상연된다.

숙한 우리다. 정보화 사회라 그런지 대화조차 기계화되어 말은 서로의 일상을 매뉴얼 읽듯 전하는 기능적인 도구로 전락했다. 언어 폭력이나 혐오 발언 같은 표현도 흔한 일상이 되었다. 말 예술이 아니라 말장난이 난무한다. 이는 모두 말을 혐오하는 사회의 증상이다. 존재의 깊은 본질을 나누거나 가슴에 가닿아 감동을 받는 말을 우리는 망각한 듯하다.

심리학자 제임스 힐먼은 신념 담긴 수사학이 쇠락한 사회에 강압적 폭력이 늘어난다고 했다. 미디어에는 분노와 확신에 차서 분열과 편견을 조장하는 말들이 난무한다. 말을 귀하게 아낄 줄 모르는 사람들의 발설은 공해다. 화합하고 설득하고 음미하고 영혼의 깊이에 가닿는 말이 귀한 이 시점, 고대 그리스의 수사학으로 눈을 돌려본다.

극은 고대 그리스인들이 수사학에 얼마나 관심이 많았는지를 여실히 보여주는 장르다. 그리스에는 폴리스마다 원형극장이 있었고, 그리스인들은 극을 열렬히 사랑했다. 극장은 이들이 모여들어 울고 웃던 곳이자 치열한 생각의 향연이 펼쳐지는 장이었다. 이 전통은 현재까지 이어지고 있어서, 파르테논 신전 아래에 있는 헤로데스 아티쿠스 극장에서는 지금도 공연이 열린다. 소프라노 조수미가 성악계의 스타로 떠오른 곳도 바로 이 극장이다. 또한 아스클레피오스에 있는 유명한 원형극장에서도 매년 8월이면 연극 페스티벌이 거행되고 고대극들이 상연된다.

몇 해 전 한여름 밤, 〈그리스인 조르바〉 공연을 보러 델피의 아폴로 신전 뒤쪽에 있는 고대 극장을 방문한 적이 있다. 그리스의 유명 배우가 온 탓인지, 델피 골짜기 인근의 모든 사람이 모여든 것 같았다. 여름밤 야외극장에서 웃고 즐기는 흥겨움이 좋았다. 여행의 피로가 덮쳐 꾸벅꾸벅 졸다가도 춤과 노래가 나오면 눈을 번쩍 뜨고 박수 치고 웃었다. 그러다가 어느새 시차로 인한 피로가 엄습해 눈꺼풀이 내려오자 애써 하늘을 올려다보았다. 칠흑 같은 델피의 하늘에서 별들이 쏟아지고 있었다. 한여름 밤 시원한 바람을 맞으며 극을 보다 별을 보다 했던 경험은 여행객에게 가끔씩 주어지는 예기치 않은 행운으로 내 마음속에 자리하고 있다.

다시 돌아와 고대 그리스의 드라마 속으로 들어가보자. 그리스 비극은 언제나 역설적인 두 힘이 만나는 교차로에서 펼쳐진다. 이 자리에 서 있는 주인공은 각기 반대로 당기는 힘들로 인해 옴짝달싹 못한 채 가혹한 운명에 난도질당한다. 신들의 싸움에 인간이 끼어서인지 운명적 선택을 해야만 하는 이의 고통은 초개인적이다. 이런 비극의 주인공 중 하나가 바로 오레스테스다. 극작가 아이스킬로스는 아레오파고스 언덕에서 그를 두고 열린 재판을 그려냈다.

오레스테스의 아버지와 어머니는 미케네의 왕과 왕비인 아가멤논과 클리타임네스트라다. 왕비는 트로이전쟁에 나가기 위해 딸 이피게네이아를 희생시킨 잔인한 남편을 받아들일 수 없어 죽인다. 아들 오레스테스는 신탁에 따라 아버지를 살해한 자를 죽여 원수를 갚는다. 즉 아들이 친모 살해범이 된 것이다. 한 집안에서 그렇게 가혹한 살인이 연이어 벌어진다. 아버지가 딸을, 아내가 남편을, 아들이 어머니를 살해한 것이다. 탄탈로스의 저주라고 부르는 조상과 가계의 죄로 인해 아들 손에 어머니의 피를 묻힌다.

인간사의 절대 금기를 범한 죄는 무겁다. 신탁에 따라 영예롭지 못하게 살해된 아버지의 복수를 했건만, 결과는 한 인간이 감내하기 지나친 형벌이다. 문제는 오레스테스에게 선택권이 주어지지 않았다는 데 있다. 오이디푸스가 그러했듯, 그리스 비극의 주인공들은 온 마음으로 저항하든 달아나든 운명의 손아귀에서 벗어날 수 없다. 왜 내게 이런 일이 일어나는가? 하늘을 향한 절규든 원망이든 탄원이든 가닿는 데가 없다. 보이지도, 잡히지도 않는 운명의 힘은 그야말로 불가항력이다.

재판에서 오레스테스에 대한 배심원들의 판결은 50 대 50이다. 이때 여신 아테나가 개입해 오레스테스의 목숨을 살리는 최종 판결을 내린다. 이 결과를 우라노스와 가이아 사이에서 태어난 세 자매이자 불화의 여신, 통칭 에리니에스는 받아들일 수 없다. 어머니를 살해한 것은 인륜에 반하는 일이다. 이에 대한 용서를 모욕으로 여긴 에리니에스는 격분하여 도시에 저주를 퍼붓는다.

그녀들은 아테나에게 이렇게 말한다. "아아, 젊은 세대의 신들이여. 그대들은 옛 법을 짓밟으며 내 손에서 빼앗아가는구려. 가련한 나는 이 나라에서 모욕을 당해 깊은 원한을 품고 나의 심장에서 복수의 독을 내뱉노라. 대지를 불모로 만드는 이 방울들로부터 잎사귀도, 열매도 모조리 없애버리는 이끼가 생겨나 (……) 들판을 휩쓸며 사람들을 죽이는 오염을 이 나라에 퍼트리리라." 그러나 기나긴 대화가 오간 끝에 오래된 여신은 아테나의 말에 설득된다. "나는 아테나와의 동거를 받아들일 것이며, 결코 이 도시를 모욕하지 않으리라."

그리스에서는 설득이란 뜻의 고유명사 페이토peitho를 여신의 이름으로도 불렀다. 설득은 신이 행하는 예술이므로 신성하다. 아테나 여신은 에리니에스에게 이렇게 말한다. "페이토의 눈길이 그토록 거칠게 거절하던 여신들을 향해 내 혀와 입을 인도해주어 나는 행복하도다. 지하로 내려가시오. 그리고 이 나라에 몰려드는 재앙은 아래에 붙들어두고 유익한 것은 올려 보내 이 도시가 승리하게 하시오." 어떻게 해서 아테나는 분노와 저주와 복수와 불화를 한껏 품은 에리니에스조차 부드럽게 녹여내고, 모두를 화해와 평화에 이르게 할 수 있었을까?

우선 아테나는 폴리스 안에 에리니에스를 위한 성소를 마련한다. 심리학적으로 보면 이는 받아들일 수도 이해할 수도 없는, 즉 삼킬 수도 뱉을 수도 없는 무자비한 충동적 힘을 위한 내면의 자리를 만드는 것이다. 처음 운명이 오레스테스를 난도질할 때 이 힘은 완전히 무의식적이었다. 이미지도 없고 이름 붙일 수도 없는 순간에는 의식이 개입할 여지가 없다. 이때는 오레스테스의 고뇌에서 드러나듯 무방비로 운명의 힘에 내몰린다. 이제 아테나가 관장하는 폴리스 안에 제단을 만들었다. 제물을 바치고 조심할 수도 있으니 이 힘과 소통하면서 협상이 가능해진다. 의식적으로 무언가를 해볼 수 있게 되었다는 뜻이다.

그렇지만 이때도 분명한 선이 있다. 아테나가 마련한 에리니에스의 성소는 지하다. 불화의 여신이 거리를 배회하며 시민들의 일상에 개입할 수 없도록 아테나는 지하에 그녀의 은신처를 두었다. 소코뚜레나 말안장처럼 제한이나 한계를 설정하는 아테나의 발명품 이미지가 떠오르는데, 이들은 운명의 힘을 허용하고 존중하면서도 여기에 재갈을 물리는 도구다. 이제 에리니에스는 폴리스 안에 거주할 수 있지만 엄연한 외국인이다. 에리니에스의 성소에는 수용과 제한이 뒤따른다.

그리스의 비극 작가들이나 철학자들은 운명의 힘이 무자비해서 달랠 수 없다고 역설한다. 그런데 여신 아테나는 이성과 충동, 합리적 마음과 운명, 설득적 논쟁과 폭력적 힘 사이에서 화해의 길을 찾았다. 무자비한 복수의 힘을 가라앉히고 불가능을 화해로 이끈 비밀은 아테나의 수사학에 있다. 수사학으로 빚어낸 말이 결국 복수를 이긴다. 설득과 화해의 말이 우리 안의 어둡고 파괴적인 힘을 달래고 제자리를 찾게 해주어서 개인의 영혼과 사회를 치유한 것이다. 이 과정은 예술이자 의례다. 말의 귀함, 그 신성한 본질을 고대 그리스인들은 우리보다 더 잘 이해하고 존중했다.

# 이성과 정상을 숭상하는 이들의 그림자

아테나는 감당하기 버거운 무의식적 힘들에 대해서도 적절한 자리를 마련한다. 내면의 그릇에 담아내어 개인은 평상심을 유지하고 공동체는 안녕과 질서를 유지하게 하는 것이다. 그렇다고 해서 무조건 수용하는 것은 아니고, 안으로 드나드는 문지방을 철저히 관리한다. 앞서 보았듯이 불화의 여신 에리니에스의 자리는 폴리스 안에 마련해주지만, 전쟁의 신 아레스의 신전은 폴리스 바깥에 둔다. 이처럼 아테나에게는 내면을 조직화하는 성향이 있는데, 그녀의 내적 우주는 어떻게 구성되는지 살펴보자.

아테나는 이성을 존중하고 객관성과 타당성을 숭상한다. 반짝이는 눈으로 복잡하게 얽힌 것들을 구분해 풀어내고, 애매한 것들을 식별하는 명징한 지성으로 빛난다. 여신은 수학과 논리를 최우선 전제로 삼으면서 숫자의 과학을 매우 중시한다. 논쟁을 벌일 때도 사회학적 자료나 통계화된 수치를 이용해 연역적으로 타당성을 입증한다. 여신은 예견도 뛰어나다. 외세로부터 폴리스를 방어하고, 방역과 위생을 철저히 하며, 예측 가능한 정치적·경제적 사안을 미리 대비하는 능력이 탁월하다. 여기에 더해 공동체의 질서를 유지하기 위한 표준 규범과 준거도 마련한다. 그 특징을 한마디로 요약하면 '정상'은 허용하되 '극단'은 배제하는 것이다.

여신이 폴리스에 허용치 않는 것부터 살펴보자. 아테나가 방어

적 태도를 취하는 신들의 면면을 보면 그 실체가 드러난다. 아레스, 아프로디테, 포세이돈, 디오니소스, 판 신이 대표적이다. 가령 목신牧神인 판의 몸은 염소처럼 생겼는데, 아테나는 염소의 침에 독성이 있어서 도시에 독을 퍼트린다는 이유로 판을 폴리스 안에 들이지 않았다. 이들의 공통점은 이성에 반한다는 것이다. 격정이든 진노든 공격성이든 뜨겁고 거칠게 폭발한다. 아테나가 볼 때 이들은 감정을 과장하고 충동을 조절하지 못하는 것이다. 신중치 않을뿐더러 예측할 수 없으니 이들에게 의존해선 안 된다. 아테나의 우주에서 이런 힘들은 비정상적인 것이며, 여신은 이들을 경멸한다.

아테나는 공공선을 위해 문화를 표준화한다. 이에 바탕이 되는 것은 제우스의 건축이다. 폴리스를 위한 아테나의 열정은 아버지의 딸이 보이는 전형적인 그것인데, 여신에게 객관성에 대한 믿음과 판단의 확신을 준 이가 바로 아버지 제우스다. 이 지점에 여신의 빛과 그림자, 강점과 취약

- 고대 그리스의 작품을 로마 시대에 본떠 만든 〈판과 다프니스〉 조각상. 아테나는 판을 폴리스에 들이지 않았지만, 그는 목동 다프니스에게 파이프 연주를 가르쳐 주는 다정한 면모도 있는 신이었다. 나폴리국립고고학박물관 소장.

함이 뒤섞여 있다. 아무리 좋은 덕목을 추구한다 해도 이를 현실에 적용하다 보면 판단하기 쉽지 않은 회색 지대를 마주할 수밖에 없기 때문이다.

한편 아테나 여신은 무수한 영웅들이 곤경에 처할 때면 나타나 적절한 조언을 해주는데, 그녀의 카운슬링 스타일은 코칭에 가깝다. 개인의 관심에 초점을 맞춘 뒤 그것이 세상의 필요나 규범과 만나도록 도와주는 식이다. 또한 그녀는 문제가 발생하는 자리에 순발력 있게 나타나 이를 해결한다. 영웅의 특질로 성찰의 부재와 즉각적 행동의 결합이 거론되곤 하는데, 아테나 여신의 즉자성, 강한 의지, 발 빠른 해결책은 영웅의 특질과 겹치는 지점이 있다. 그렇지만 베일을 쓰고 침묵하며 길쌈을 하거나 고개 숙인 채 깊은 생각에 빠져 있는 조각상이 강변하듯, 여신에게는 성찰의 특질도 있다. 그런데 이는 정상, 표준, 절대성, 객관성, 실용성에 매인 성찰이다. 합리와 이성을 존중하는 현대 사회에서는 이런 목소리가 권위를 갖고 절대적인 것으로 여겨지는 경우가 많다. 하지만 원형적 관점에서 볼 때, 아테나 여신의 성찰은 여러 스타일의 성찰 중 하나라는 사실을 염두에 둘 필요가 있다.

합리성과 타당성은 중요하다. 감정에 빠져 허우적대면서 충동만으로 움직이는 사람에게는 반드시 이성이 필요하다. 그런데 이성의 기준이 되는 이상적 가치와 준거가 추상적이고 비인격적이라는 점도 고려해야 한다. 황금 투구를 쓰고 아버지의 머리에서 태어난 아테나, 그러나 그러한 '머리'에는 종종 인간미가 부족하다. 머리가 관장하는 객관화와 표준화는 개성과 개별화의 반대편에 놓인다. 우리는 정치적·경제적·사회적 인간이지만, 감정에 휘둘리고 쓸데없는 생각에 사로잡히고 비현실적인 공상을 한다. 또한 무의식적 동인은 한 인간의 일생을 좌지우지한다.

심층심리학을 공부하다 보면, 지극히 '정상'인 사람의 영혼은 참으로 건강하기 힘들겠다는 생각을 하게 된다. 어떤 사회에서 정상적이라는 것은 그 사회가 만든 판타지 양식에 따라 수행을 잘한다는 뜻이다. 사회가 공인하는 바른 손이라는 오른손의 판단과 행위에 과도하게 에너지를 투여하는 사람은 왼손이 하는 일에 무지하기 쉽다. 또한 어느 시점에 이런 왼손이 사악한 손으로 탈바꿈하는 이야기는 세계의 신화들과 걸출한 문호들이 천착하는 단골 주제다. 아테나의 수용적 우주에도 한계는 분명하다. 아버지의 딸로서 여신은 정상, 객관, 합리, 실질이라는 논리로 반짝이는데, 또 같은 이유로 그녀는 자신의 논리에 갇혀 있다.


## 진정한 멘토란, 고귀한 친구란 무엇일까


여성성의 특질은 그리스 여신의 수만큼이나 다양하다. 남녀 관계를 통해 보자면, 헤라는 남성의 영웅적 업적에 도전하며 힘겨루기를 한다. 아프로디테는 남성을 유혹하여 현실감을 잃게 한다. 아르테미스는 접근 금지라는 카드로 남성을 유혹한다. 아테나는 남성과 친하게 지내는데, 특히 자기 일을 성실하게 하는 이들을 도와주고 그들과 협력한다. 아킬레우스와 아가멤논이 싸움을 벌인 순간, 아테나가 나타나 이들의 싸움을 멈추게 한 뒤 불같은 아킬레우스가 평정심을 찾게 도와준다. 헤라클레스가 어려움에 직면했을 때도 제때 나타나 값진 조언을 하고, 페르세우스가 메두사의 목을 칠 때도 아테나의 도움으로 인간이 신을 죽이는 사건이 가능해진다.

그런데 뭇 신과 인간 가운데 여신이 일생 염려하고 조언하고 격려하고 칭송한 자는 오디세우스다. 그리스 이전에 존재하지 않았던 새로운 영웅 오디세우스는 아테나 여신의 남성형이라고도 한다. 이 둘의 관계를 살펴보면 아테나 여성성의 특질을 파악할 수 있다.

오디세우스가 트로이전쟁에 참전한 10년 동안, 그리고 전쟁 후 집으로 돌아오기 위해 애쓰는 10년 동안, 아테나는 적절할 때마다 오디세우스 앞에 나타난다. 그가 자신을 잃지 않도록 조언해주고, 균형감을 유지하도록 지지하고 격려한다. 무엇보다 눈에 띄는 것은 오디세우스에게 역사가 기리는 영웅에 대한 찬사와 영광에 대해 회의하게 도와준 점이다. 고향 이타카에서의 일상이 주는 소소한 기쁨이 세상 그 무엇보다 귀하다는 사실을 여신은 끝없이 상기시킨다. 이 목소리가 함께하기에 오디세우스가 그리스의 다른 영웅들과 뚜렷한 차이를 보이는 것일 터. 아테나가 방어를 위해 전쟁을 하듯, 오디세우스는 트로이로의 침략 전쟁에 반대해 전쟁에 뛰어든다. 그는 본래부터 아가멤논으로 대표되는 호전적 영웅들과 자신을 동일시하지 않았다. 트로이전쟁에 뛰어든 이유는 약소국이 피해가지 못하는 외교적 선택이었다. 할리우드 영화 〈트로이〉에 나오는 아킬레우스와 오디세우스의 대화 장면에 이런 오디세우스의 특질이 잘 그려져 있다.

　아테나의 우정에는 헌신이란 표현이 어울린다. 오디세우스가 여신 칼립소에게 잡혀 오도 가도 못하면서 눈물과 신음과 슬픔으로 자기 마음을 괴롭히고 있을 때, 여신은 오디세우스가 겪은 고난들을 열거하며 올림포스 신들을 설득한다. 결국 제우스는 전령 헤르메스를 보내 칼립소 여신의 마음을 돌리고, 오디세우스는 감금에서 풀려난다. 그 후 오디세우스에게 분노해서 10년간 귀향을 막은 포세이돈이 너울을 일으켜 오디세우스의 뗏목을 전복하려 들자, 아테나는 그 너울을 낚아채서 사고를 막아준다. 뗏목을 잃고 파도에 쓸려가다가 뾰족한 바위에 부딪혀 죽을 위기에 처했을 때도 여신이 파도가 지나갈 때까지 칼날 같은 바위를 붙잡아준다. 오디세우스가 죽을 만큼 지쳤을 때는 눈꺼풀에 잠을 쏟아 지난한 고됨으로부터 기운을 회복하게 해준다. 그리고 이타카로 돌아가는 길에 오디세우스가 사람들을 만날 때면 그의 머리와 두 어깨 위에 경이로운 우아함을 쏟아 부어 그를 크고 풍만해 보이게 한다. 우정이든

애정이든 오디세우스를 향한 아테나의 마음은 일생 한결같다.

여신은 또한 오디세우스의 아들 텔레마코스에게도 현명한 조언을 해준다. 어머니 페넬로페에게 구혼한다는 구실로 집에 들이닥쳐 먹고 마시며 오디세우스의 가산을 탕진하는 이들에게 분노하여 텔레마코스가 성급하게 덤벼들려 할 때, 여신은 그런 행동을 멈추게 한다. 이제 어린아이처럼 처신할 나이는 지났다며 소년이 아니라 어른으로 행동해야 한다는 조언을 해주는데, 이를 받아들인 텔레마코스는 어머니에게 구혼하는 이들을 집에서 몰아내고 어머니가 본인 자리를 잘 지키도록 돕는다. 그리고 자신은 아버지를 찾는 장도壯途에 오른다. 호메로스는 이 대목을 마치 아버지가 아들을 대하듯 호의를 품고 여신 아테나가 텔레마코스에게 말한다고 했다. 아테나는 텔레마코스의 멘토다. 누군가의 성장과 발달을 위해 조언하고 삶의 방향을 제시해 이끌어주는 멘토라는 말이 세상에 태어난 순간이다.

여기서 쉽게 간과해온 측면도 짚고 넘어가자. 여신은 오디세우스의 아내 페넬로페의 멘토이기도 했다. 구혼자들에게 시아버지의 수의를 다 짜면 재혼을 하겠다는 이유를 들면서 낮에는 수의를 짜고 밤에는 짠 수의를 풀어 구혼자들을 다루는 지혜를 페넬로페에게 준 이가 바로 길쌈의 여신 아테나다. 여신은 긴 세월 구혼자들의 침범과 무례를 견디며 남편을 기다리는 페넬로페에게 순간순간 등장해서 위로하고 힘을 실어준다. 아테나는 오디세우스의 가족 모두에게 용기와 확신을 심어준 멘토다. 오디세우스에 대한 여신의 사랑은 그의 아내와 아들까지 포함하는 크고 넓은 것이었다. 연인 간의 사랑에서 흔히 중시되는 소유의 개념이 개입되지 않았다는 점이 눈길을 끈다.

아테나의 이런 태도는 다른 영웅들과의 관계에서도 일관되게 나타난다. 여신은 통제나 지시, 명령 같은 방법을 통해 남성들과 관계를 맺지 않는다. 그녀는 남성이 자기가 가진 최상의 것과 만나도록 산파 역할을 한다. 『오디세이아』 곳곳에는 아테나가 오디세우스의 어깨에 힘을 붓고 그를 크고 빛나게 해준다는 표현이 나온다. 한 존재가 자신감에 차서 당당하게 땅을 딛고 설 때 내면에서 충만한 아름다움이 풍겨 나오는 법이다. 여신은 이를 위한 조력을 하는 것이다. 진정한 멘토이자 고귀한 친구라면, 상대가 미처 모르던 그 자신의 커다란 힘을 내면에서 찾고 만날 수 있게 해준다. 오디세우스에게 그러하듯, 각각의 개인을 스스로의 빛으로 고결해지도록 이끄는 여신이 바로 아테나다.

대서사시 『오디세이아』는 신과 같은 오디세우스, 굽이굽이 돌고 도는 자 man of many turns의 등장으로 시작된다. 직선이 아니라 곡선으로 수식되는 비범한 남성이다. 물결같이 흐르는 모양새나 둥그런 유연성은 주로 여성을 수식할 때 쓰는 표현이다. 그렇다고 오디세우스를 '여신 같은 남자'로, 아테나를 '남자 같은 여신'으로 표현하는 것은 적절치 않다. 그보다는 여성성이 발달한 오디세우스와 남성성이 발달한 아테나일 것이다. 이들의 관계는 이성과 감성이 조화를 이루는 두 인물이 빚어가는 우정과 사랑의 합주다. 사람들은 종종 남녀 간의 우정이 가능한지 묻곤 한다. 이는 양성이 조화롭게 발달한 이들의 수려한 협연을 표현할 말이 없다는 우리 스스로의 고백이 아닌가 싶다.


## 가부장의 딸, 마침내 어머니의 뿌리를 찾다

앞서 언급했듯이 여신 아테나에게는 '아버지의 딸' 이미지가 가시적으로 드러난다. 이 특질로 무장하고 있어서 부인하기란 쉽지 않다. 그런데 이와 대조적으로 여신과 어머니의 관계는 잘 드러나 있지 않다. 마치 메티스가 제우스에게 삼켜진 것처럼, 아테나에게 메티스의 유산은 깊이 묻혀 있어서 세심히 탐색해 찾을 수밖에 없다.

아테나의 운명은 자랑스럽게 추앙받으며 자란, 아버지의 딸들에게만 나타나는 것이 아니다. 가부장 문화권에서 자란 여성에게 가부장의 딸이라는 운명은 피해갈 수 없는 법이다. 그렇게 커 나간 가부장의 딸들은 중년의 위기에 다다르면 큰 도전에 맞닥뜨린다. 아버지의 머리나 가부장의 이상을 넘어 '여성의 몸을 가진 나는 누구인가'라는 물음에 봉착하는 것이다. 그 계기가 신체적 증상에서 비롯될 수도 있고, 관계의 변화로 촉발될 수도 있고, 때로는 사회적 입지에 대한 도전에서 올 수도 있다. 어떤 계기든 기존 방식으로는 더 이상 삶을 영위할 수 없는 상황에 내몰린다. 이 위기가 실은 자기 삶의 모든 것을 지배하던 아버지의 세계를 넘어서라는, 그동안 간과하고 살았던 다른 쪽의 뿌리를 탐색하라는 초대라는 걸 이해한다면 위협으로만 다가오지는 않을 것이다. 도전을 받아들일 때 삶의 새로운 모험이 시작된다.

아테나는 아버지의 딸이다. 하지만 어머니와의 관계를 되짚어봄으로써 여성으로서의 뿌리를 찾고 아버지와의 관계도 다시금 조명해보자. 그러려면 몸과 땅으로 이어지는 어머니 세계와 그 가치에 대한 통과의례가 필요하다. 고전학자 제인 엘런 해리슨Jane Ellen Harrison은 자신이 태어난 땅을 망각한 여신은 온전한 사랑을 할 수 없다고 강변한 바 있는데, 자신을 남성 세계와 동일시해온 여성들이 삶의 후반부에 마주하게 되는 미완의 그림자는 상당히 다루기 어려운 문제다. 해리슨은 뿌리를 망각한 지도자의 입에서 줄곧 수치스러운 부인을 듣게 된다고 했다.

아테나가 제우스의 머리에서 태어났다는 사실을 부인할 순 없다. 그런데 고고학의 연구 성과를 참조해보면, 이 탄생의 이미지에 통찰을 더할 수 있다. 제우스는 헬레니즘 시기에 도래한 신이고, 아테나와 헤파이스토스는 고대 그리스 이전부터 오랫동안 존재했던 토착신이다. 아테나가 제우스의 머리에서 태어났다는 것은 아테나 숭배가 제우스 숭배로 포섭되었음을 보여주는 결정적 사례이며,

이를 뒷받침하는 고고학의 증거들은 즐비하다.

아테나가 태어날 때 제우스의 머리를 가른 것은 크레타 문명의 양날 도끼인데, 토착신 아테나를 연구한 고고학자들은 여신이 크레타의 뱀 여신과 연관된다고 보기도 한다. 또한 아테나의 기원을 선사시대 새 여신으로까지 올려 잡는 역사학자들도 있다. 이는 사료로도 남아 있는바, 아테나는 비둘기, 매, 독수리, 갈매기, 솔개, 흰꼬리수리, 특히 올빼미로 자신을 드러내곤 했다. 의인화해 나타날 때는 종종 날개를 달고 있었다.

뱀과 올빼미는 아테나의 주요 상징인데, 이들은 빛과 도시의 문명화라는 여신의 특징과는 다소 모순되어 보인다. 그런데 고대 그리스인의 종교를 연구한 루이스 리처드 파넬Lewis Richard Farnell에 따르면, 고대 전설에서 메티스의 딸 아테나는 반야만적이었다고 한다. 자연의 힘을 의인화한 신은 아니고, 고전 그리스 이전부터 이미 도덕적·정신적 특질을 가진 '지혜의 여신'이었다는 것이다. 그렇다면 이 지혜는 어떤 특질을 가지고 있으며, 어디서 비롯된 것일까? 우선 아테나의 양면성을 살펴본 뒤 이를 다시 언급할 것이다.

• 기원전 440~420년경 그리스에서 제작된 은으로 만든 동전의 뒷면. 올빼미는 아테나의 신성한 새이자 여신의 도시 아테네의 마스코트였다. 아테네화폐박물관 소장.

여신은 빈번히 '팔라스 아테나'라 불린다. 팔라스는 본래 바다의 신 트리톤의 딸로, 여신과 팔라스는 어린 시절부터 친구다. 다음은 이 별칭의 기원을 보여주는 고전 시대 신화다.

어느 날, 아테나와 팔라스가 검술 시합을 벌인다. 팔라스가 아테나를 가격하려는 순간, 이를 지켜보던 제우스가 딸이 위험하다 생각해서 둘 사이에 방패를 끼워 넣는다. 갑자기 주의가 흐트러진 팔라스에게 아테나가 창을 들이밀어 치명적 상처를 입히고, 팔라스는 결국 죽고 만다. 친구의 죽음을 애도하며 아테나는 팔라스라는 말을 더해 '팔라스 아테나'를 자기 이름으로 쓴다.

이후 아테나는 팔라디온이라 불리는 팔라스의 목각상을 직접 조각해 처음에는 올림포스에, 나중에는 트로이의 아크로폴리스 신전에 둔다. 여신은 도시의 수호상인 팔라디온이 서 있는 한 트로이가 완전히 멸망하는 일은 없을 것이라 했다.

심리학적으로 볼 때, 아테나와 팔라스의 결합은 아테나의 양면성으로 해석할 수 있다. 팔라스는 그리스를 침략했던 여전사다. 거인족과도 연관된다. 다양한 기원 신화에 나오는 그녀의 공통된 특질은 한결같다. 팔라스는 강인하고 맹렬하다. 앞서 인용한 버전의 신화에 따르면 팔라스의 죽음에 제우스가 연루되는데, 이 지점은 눈여겨볼 대목이다. 은유적으로 본다면 팔라스는 가부장 시대의 어떤 여성성의 특질이 살해된 주검일 수 있기 때문이다.

여신의 친구이자 라이벌이 치열하게 검술을 연마한다. 하지만 아버지 제우스는 이를 위험하고 파괴적인 것으로 오인한다. 팔라스가 죽음에 이르게 된 곳은 곧 여성의 맹렬함과 건강한 공격성이 설 자리를 잃게 된 역사적 현장이 아닐까? 어느새 여성들조차도 용기와 강인함과 맹렬함을 남성의 특질이라 믿는다. 세상에서 가장 사나운 짐승은 임신을 하거나 새끼를 돌보는 암곰이라 한다. 이런 용맹과 공격성 없이 야생의 자연과 험난한 세파를 헤쳐가며 생존할 수 있을지 의문이다. 위기 때마다 제 새끼를 지켜낸 여인들의 힘은 강렬하다. 팔라스로 대표되는 용기와 자기방어를 여성의 방식으로 세상에 존재하기 위한 힘이라 보는 게 정당하지 않을까? 오히려 여성의 건강한 공격성과 강인함이 가부장 사회에 들어설 자리를 잃어버려서 비틀리고 왜곡된 형태로 표출되는 게 아닌지 깊이 성찰해볼 일이다.

이제 메티스에게로 가보자. 제우스의 아버지 크로노스는 갓 태어난 자식을 삼켜버려 자식의 탄생 자체를 가로막았다. 이에 제우스가 아버지에게 토사제를 먹이도록 권한 게 바로 메티스다. 덕분에 아버지 배 속에 갇힌 제우스의 형제자매들이 세상에 나올 수 있었다. 메티스는 여신의 이름이면서 동시에 그리스에서 '지혜'라는 뜻의 명사였다. 이처럼 지혜는 메티스와 아테나의 공통된 특질이다.

메티스는 바다의 신 오케아노스의 딸이다. 그녀는 물과 떼려야 뗄 수 없는 관계다. 물에는 깊은 아래로 향하는 속성이 있는지라 심층에서 샘솟는 직관이나 생각을 메티스라 한다. 또한 물은 수용적이다. 유연하고 가변적이기도 하다. 아테나의 출생 신화에 나오는 메티스는 변신의 귀재다. 트릭스터로서의 기민함과 영민함이 엿보인다. 『일리아드』와 『오디세이아』 전반에 드러나는 아테나의 지략과 전술이 제우스의 것만이 아니라 메티스의 것이기도 하다고 생각하니 훨씬 이해가 잘 된다. 많은 영웅들의 기질을 외향성이나 근육질로만은 설명할 수 없는데, 아테나의 해결 능력 역시 그러하다.

또한 물이 흐르는 감정에 대한 은유라는 점도 중요하다. 메티스는 감정의 뉘앙스에 예민하고 대단히 시적이다. 아테나에게는 분명 메티스의 이런 특질이 깃들어 있다. 앞서 언급한, 아테나

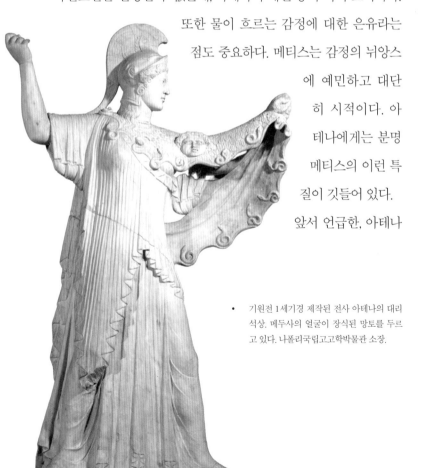

• 기원전 1세기경 제작된 전사 아테나의 대리석상. 메두사의 얼굴이 장식된 망토를 두르고 있다. 나폴리국립고고학박물관 소장.

가 올빼미와 연결되는 지점도 더욱 선명해진다. 올빼미는 햇살이나 번개 같은 하늘의 빛으로 무언가를 보지 않는다. 올빼미의 눈은 밤과 어둠과 죽음의 시각이다. 제3의 눈 또는 혜안이라고도 한다. 눈먼 테이레시아스에게 영혼의 눈을 선물해 예언자가 되게 하는 게 바로 아테나다.

고고신화학자 마리야 김부타스Marija Gimbutas는 아테나의 기원을 선사시대로 본다. 가부장 시대가 도래하기 훨씬 이전의 아테네 여신은 올빼미가 상징하는 밤과 잠과 죽음의 세계와 친연성이 있다. 아버지의 딸로 변모했지만 본래 뿌리는 고대 여신인지라 합리성과 냉철함의 기저에 직관과 어둠 같은 신비한 깊이와 비가시적인 세계에 대한 비전이 자리한다. 이렇게 어머니와의 관계를 이해할 때 아테나의 복잡성과 양면성을 더욱 잘 파악할 수 있다.

아테나는 메두사와 이 영역 어디 즈음에 연결되어 있을 것이다. 무장한 여신의 가슴이나 투구에는 메두사의 얼굴이 장식된다. 메두사는 여신의 문장이자 최고의 부적인 셈인데, 이는 곧 아테나의 어두운 얼굴이다. 보기만 해도 돌로 굳어버리는 것으로 악명 높은 메두사는 분명 끔찍한 악몽이자 최악의 공포다. 아테나가 메두사 투구를 쓰면 여신 힘의 어두운 면이 나타날 것이다. 그렇다고 메두사처럼 모든 것을 돌로 만들지는 않는다. 페르세우스가 메두사의 목을 치는 행위를 돕는 것도 아테나다.

지금껏 가장 깊은 그림자로 남겨진 자리가 메두사일 것이다. 야만적이고 잔혹해서 제일 피하고 싶겠지만, 동시에 가장 막강하여 악한 기운을 물리치는 수호의 이미지를 품고 있다는 사실도 간과할 수 없다. 융 분석가 매리언 우드먼Marion Woodman은 앞으로 인류의 의식 진화를 살피려면 이 역설적이고 미지인 메두사의 힘을 이해하는 것이 최대 과제라 했다. 두려움이자 신비인 아테나의 메두사 얼굴은 향후의 탐색 과제로 남겨두자.

## 삶의 한 장이 이렇게 새로이 열린다

문득 아테나의 관점으로 내 삶을 성찰해보았다. 사춘기 시절 맹렬하게 사랑했던 여신이다. 지성으로 반짝이며 용감하고 독립적이고 홀로 충만한 완벽한 롤 모델이었다. 그런데 나이가 들면서 지나치게 머리를 중시하는 게 메마르게 다가오고 성취 지향적 야망이 부담스러워지기 시작했다. 아버지의 딸이 자랑이 아니라 미완으로 보이기 시작하면서 아테나와 결별했다고 생각했다. 엄청난 착각이라는 걸 이 글을 쓰면서 새삼 확인한다. 원형적 힘이란 쉽사리 떠날 수 있는 부류의 것이 아니다. 아버지의 딸이라는 정체성을 극복하려 부단히 애써왔건만, 거듭 같은 자리로 되돌아온다. 일생 이 자리를 벗어날 수 없다는 사실을 이제는 받아들인다.

아버지의 영광과 좌절이 내 삶에 얼마나 깊이 영향을 미쳐왔는지 비로소 보인다. 아버지의 꿈을 실현하고 아버지의 것을 지키려 했던 내 무의식적 열망이 얼마나 컸는지 민낯을 마주하며 부끄러웠다. 여성성의 가치를 부르짖어왔던 나의 현주소가 그러했다. 결국 아버지의 이미지는 나의 판타지에 가까웠다는 사실도 알게 되었다. 메티스의 세계로 통과의례를 거치면서 내가 서 있는 자리가 비로소 명료해진 듯하다. 용기와 직관과 건강한 공격성을 나의 힘으로 받아들이면서 삶의 한 장이 새로이 열리는 느낌이다. 비로소 진정한 여인이 되나 보다.

아카데미의 지성은 여전히 설렌다. 그럼에도 제우스의 날카로운 이성과 메티스의 통찰이 분화하는 이 시점이 나는 좋다. 아이러니 같지만 메티스를 탐색하면서 아버지의 딸이라는 수식어에 담긴 빛과 그림자를 모두 받아들이게 되었다. 아버지는 나에게 아테나 같기를 열망하셨다. 그러면서도 순진한 페르세포네에 머물기 바라며 나를 키우셨던 것 같다. 그런 아버지가 상상하지 않으셨던 딸의 이미지가 여신 헤라의 영역이었다. 내 안의 모든 신들을 탐색하기 위해 이제 헤라의 세계로 발걸음을 옮긴다.

# 헤라
## Hera

혼인이라는 준엄한 언약에 대하여

기원전 425~400년경 그리스에서 제작된 대리석상. 메트로폴리탄미술관 소장.

헤라는 올림포스에서 유일하게 자신을 아내로 규정하는 여신이다. 예술 작품에서 헤라와 제우스는 당당하고 수려하고 위엄 있게 묘사된다. 강건한 힘을 내뿜는 이 둘 사이는 마치 줄다리기를 하는 듯한데, 어느 쪽으로도 치우치지 않는 팽팽한 긴장감이 주는 균형이 이 부부의 특질이다.

헤라를 생각하면 반사적으로 질투가 떠오르는데, 이는 제우스가 촉발한 것이다. 신화에서 제우스는 방방곡곡을 다니며 여신에게든 여인에게든 님프에게든 가급적 많은 씨를 뿌리고, 헤라는 이를 막으려는 노력을 멈추지 않는다. 제우스와 관계 맺은 이라면 자발적으로 받아들였든 강압이나 속임수의 결과로 일어났든 상관하지 않고 반드시 복수를 한다. 합법적이지 않은 관계에서 태어난 아이들도 적극적 복수의 대상이다. 이런 모습이 우리에게 친숙한, 올림포스에서 부부로 그려지는 신성한 커플의 이미지다.

그렇다고 해서 이 둘의 관계가 소유욕과 질투, 복수와 불행으로만 점철되었다고 생각하면 오산이다. 동서고금을 막론하고 언제나 그렇듯, 부부 사이는 겉으로 드러나는 모습이 전부가 아니다. 이에 대해서는 신들도 예외가 아니다. 제우스와 헤라가 벌이는 지난한 행위는 치열하고 격렬한 놀이처럼 보이기도 하는데, 여기에는 분명 둘만이 아는 결속과 유희가 있다. 질투와 보복의 드라마 이전에 둘은 300년이라는 시간을 너무나도 행복하게 함께했다는 사실을 기억하는 것도 둘의 관계를 설익게 판단하는 우를 피하는 데 도움이 될 것이다.

사실 지금의 우리에게 익숙한 여신 헤라는 호메로스 시대 이후의 이미지이다. 이 변화를 감지한 고전학자 카를 케레니Karl Kerényi는 본래 헤라가 이렇지 않았다고 지적한 바 있다. 고대 그리스인이 숭배했던 헤라와 문헌 신화를 통해 만나는 제우스의 아내 헤라에 극명한 차이가 있다는 것이다. 그리스 주요 유적지들을 살펴보면 헤라 신전이 제우스 신전보다 수백 년 앞서 건축되었다는 점이 금세 눈에 들어온다. 고고학 자료를 보더라도 헤라 숭배가 널리 행해진 시기에 제우스는 존재하지도 않았다는 점이 입증된다. 제우스의 별칭 중 하나가 '헤라의 아들'이라

• 2세기 전반 로마에서 제작된, 헤라로 추정되는 여인의 초상. 당시로선 귀한 소재인 유리로 만들었으며, 신전이나 성소에 모셔졌던 것으로 보인다. 메트로폴리탄미술관 소장.

는 점도 이 사실을 뒷받침한다. 헤라는 고대의 여신이고, 제우스는 훨씬 후대에 등장해서 입지를 넓혀 나간 젊은 신이다. 제우스가 최고의 신으로 받들어지는 과정과 위대한 여신 헤라가 아내로만 굳어지는 변화는 나란히 이루어졌을 것이다. 신화를 통해 우리에게 익숙한 신들의 이미지는 올림포스라는 새로운 환경과 질서에 적응한 결과다.

그리스의 지리학자 파우사니아스는 여신 헤라가 아기를 점지하는 삼신으로 묘사되며 성소도 셋이라고 했다. 소녀기의 헤라는 처녀를 뜻하는 파르테노스라 부르고, 제우스와 혼인한 뒤에는 온전한 성숙함 혹은 충만함을 뜻하는 텔레이아, 나이가 익어 제우스와 헤어진 뒤 고향 스팀팔로스로 돌아간 헤라는 홀로 되었다는 뜻의 케레라 부른다. 지금껏 우리에게 헤라는 온통 아내로만 보였지만, 그녀는 실은 여인의 일생 전체를 반추해볼 수 있는 온전한 여신이다. 표층에 노출된 아내 이미지 외에 삼신으로 묘사된 여신 이미지를 염두에 둘 때, 혼인을 확장된 시각으로 이해할 수 있을 것이다. 그리고 텔레이아로 불렸을 때, 즉 아내 시기의 헤라가 가부장 시대의 아내 이미지와 일치하는지 아니면 차이가 있는지도 주요한 물음이 될 것이다.

혼인과 비혼이 나란히 회자되는 시대다. 혼인이 한 사람의 생애에 거쳐야 하는 자연스러운 통과의례라는 개념도 점차 희박해져 간다. 현모양처가 꿈이라는 낯설지만은 않은 표현이 과거의 유물처럼 느껴진다. 누군가의 아내라는 표현은 나에게 꽤나 애매하게 다가온다. 혼인이라는 말을 들으면 마치 뒤엉켜 있는 갈나무와 등나무처럼 끌림과 회피, 예속과 자유라는 상호 모순된 감정이 느껴진다. 게다가 전통 사회의 아내 이미지는 최소한 내게는 매력이 없다. 그러하기에 헷갈릴 수밖에 없다. 비단 여성들만 이렇게 느끼지는 않을 것이다.

고대의 여신 헤라가 올림포스의 12신으로 자리 잡을 때처럼, 작금의 세상도 그 속도가 어지러울 정도로 급변하고 있다. 혼인도, 가정도, 아내의 이미지도 현시대 속도의 쓰나미에 휩쓸려 그 개념이 어지러워진 것들 가운데 하나다. 이 시점, 혼인의 여신이자 가정의 수호신인 헤라를 통해 혼인과 아내다움에 대해 근원적인 물음을 제기해보려 한다. 이를 위해 헤라의 힘과 비애, 충만감과 결핍감, 그리고 병리조차 깊이 파헤쳐보려 한다. 내 안에 자리한 애매함의 정체를 파악하고 싶고, 나아가 속도에 떠밀려 간과하며 사는지 모를 그 무엇도 헤아려보고 싶다.

현대 여성들은 혼인을 떠올리면 자연스럽게 '자기답다'라는 말과 '아내답다'라는 말이 공존할 수 있는지 아니면 상치하는지에 대한 물음이 따라올 것이다. 이 물음에 이분법으로 접근하는 것 자체가 이미 가부장제 혼인의 올가미에 걸린 채 씨름을 벌이는 것일지 모른다. 누군가에게 아내라는 말이 과하거나 무겁거나 부정적인 뉘앙스로 다가온다면, 이것이 가부장제 혼인에서 비롯된 것인지,

그보다 더 원형적인 차원에 이미 불만족이 배태되어 있던 것인지 가늠해봐야 할 것이다. 아울러 혼인의 신비가 세태가 변하듯 시대에 따라 변하는 것인지도 성찰해보고 싶다.


## 질투의 여신이 이리도 아름답다니

펠레우스와 테티스의 결혼식에 초대받지 못해 마음이 상한 불화의 여신 에리니에스는 "가장 아름다운 여신을 위하여"라는 말과 함께 황금 사과를 결혼식장에 던져놓고 사라진다. 이 사과는 트로이전쟁의 도화선으로 역사의 물꼬를 바꾸는 계기가 되는데, 사과가 던져진 자리에 세 여신 헤라, 아테나, 아프로디테가 있다. 최상의 아름다움을 두고 세 여신이 경합을 벌이는데, 여신 헤라는 자신이 황금 사과의 주인이 되리라는 데 한 치의 의심도 품지 않는다.

여기서 흔히 간과하는 지점이 드러난다. 질투, 복수, 파괴의 이미지로 채색된 헤라지만, 실은 그녀는 필적할 수 없는 아름다움의 소유자다. 신화에서는 빈번히 여신 헤라를 "가장 아름다운 여신"이라고 수식한다. 때로는 미의 여신 아프로디테보다 더 아름답다고 묘사한다. 무엇보다 헤라는 본인의 아름다움에 대해 대단한 자긍심을 가지고 있다.

그리스에서 최고의 죄는 신에게 도전한 인간의 불경죄 hubris다.

신화에서는 자신의 아름다움을 뽐내다가 결코 넘어서는 안 될 선을 넘은 인간의 죄가 얼마나 중한지 경고한다. 대표적인 예로 안티고네를 들 수 있다. 자신의 머리카락이 여신 헤라의 것보다 더 아름답다고 자랑했다가 헤라는 안티고네의 머리카락을 치렁치렁한 뱀들로 만들어버린다. 호메로스는 헤라의 머릿결이 아름답고 향기롭고 번쩍인다고 묘사했다. 윤이 나는 건강한 머릿결은 성적 비옥함과도 연결되는 은유인바, 이 땅의 여인들도 창포물에 머리를 감고 동백기름으로 치장을 했다. 겨울철 밤하늘에 가장 밝게 빛나는 별자리가 된 오리온의 첫 아내 시데도 헤라보다 자신이 더 아름답다고 떠들어대다가 하데스의 세계로 떨어지는 운명을 맞는다. 요즈음 아름다움에 대한 최상의 표현으로 '여신'이라는 찬사를 쏟아내는데, 고대 그리스인이라면 이는 감히 입에 올려선 안 될 금기어다.

호메로스는 헤라의 아름다움을 묘사하며 빈번히 "흰 팔의 헤라"라는 말을 쓴다. 여신은 깨끗하고 투명한 피부의 소유자였을 것이다. 여기에는 다른 문화적 의미가 내포되어 있을 법한데, 구체적으로 알 길은 없다(트리스탄과 이졸데 신화에서는 "흰 손의 이졸데"라는 표현이 나온다. 신화는 길쌈할 때 그녀의 손이 날렵하게 반짝이는 데서 이런 표현이 비롯되었다고 서술한다. 여신 헤라도 길쌈과 연관되어 있지만, 흰 팔과 흰 손 사이의 직접적인 연관성은 알려진 바 없다). 헤라의 아름다움 중에서 특히 부각되는 부분은 눈이다. 흔히 "황소 눈의 존경스러운

I·Bonasone
inventor

Mirasi quan Giuno Trionfante
Per quanto puote il nro human pensiero
Ma non può imaginar il Mondo Errante
Gli' altri trionfi del celeste impero

• 14세기 중반 이탈리아의 판화가 줄리오 보나
소네가 제작한 동판화 연작 〈유노의 사랑과 분
노와 질투〉 중 한 작품. 유노는 헤라의 로마식
이름이며, 공작새가 끄는 마차에 여신이 당당
하게 앉아 있다. 메트로폴리탄미술관 소장.

헤라"라고 묘사한다. 크고 맑은 눈이 여신의 특질이었을 것이다. 여기에는 헤라가 고대 근동 지역에서 널리 숭배되던 소 여신과 연관된다는 역사적 배경이 숨어 있다. 예술 작품에서 헤라는 소 이외에 사자나 공작새와 함께 묘사되는 경우가 많은데, 이들 모두 헤라의 힘과 아름다움을 상상하는 데 힌트가 된다.

조각상, 도자기, 회화 등에서 여신 헤라는 옥좌에 앉은 채 근엄한 자태를 드러낸다. 종종 폴로스라는 긴 원통형 왕관을 쓰고 있다. 숭배자들은 고귀한 헤라를 은밀히 미소 짓는 지성을 품고 있으며 충만하고 고요한 아름다움을 갖춘 여신이라고 묘사했다. 다음은 『오르페우스 찬가』에 나오는 헤라에 대한 찬미다.

> 뭇 생명의 여신, 제우스와 침상을 공유하는 행복한 여신,
> 당신은 영혼을 북돋우는 부드러운 바람을 일으킵니다.
> 진정으로 폭풍우와 바람이 수행하는 만물의 어머니,
> 당신의 권능이 없다면 생명의 탄생은 불가능합니다.
> 당신은 대기와 웅혼하게 섞여 온 세상에 함께합니다.
> 당신만이 만물을 다스리는 통치자이십니다.
> 당신은 몰아치는 바람의 물결입니다.
> 이제 당신, 행복한 여신, 여러 이름으로 불리는 뭇 생명의 여신,
> 친절과 환희의 얼굴로 저희에게 오십시오.

# 팽팽한 긴장감이 감돌곤 하는 부부의 세계

앞서 살펴본 여신 데메테르는 딸과의 관계가 그 중심에 있어서 남편의 존재가 언급조차 되지 않는다. 반면 올림포스의 여신 헤라에게는 남편 제우스와의 관계가 최우선이다. 그녀에게서 헌신적인 어머니의 모습은 상상하기조차 어렵다. 헤라는 오직 아내다. 실제로 헤라와 데메테르 사이에는 미묘한 적대감이 흐르기도 했는데, 도시 아테네에서 헤라 신전의 문이 열려 있을 때 데메테르 신전의 문이 닫혀 있고 데메테르 신전의 문이 열려 있을 때는 헤라 신전의 문이 닫혀 있었다고 한다.

그렇다면 한 여성이 남편이나 자녀 중 한쪽을 우선시하는 게 아니라 모두를 아우르는 것은 가능한 일일까? 흔히 서양에서는 부부 사이가 뜨겁고 열정적이면 상대적으로 자녀들은 뒷전이라 말한다. 한국에서야 이런 부부보다 '자식을 위해서' 혹은 '자식 때문에' 같은 경우가 압도적이다 보니 열정적인 부부는 상상하기 어렵다. 이 땅에서 줄곧 노래하던 현모에 '섹시한 엄마', 양처에 '매혹적 아내'의 자리는 없어 보인다.

기실 헤라는 출산의 여신이기도 하다. 헤라의 딸 에일레이티이아가 산파라는 점도 출산이 헤라의 영역임을 뒷받침한다. 그런데 여신은 출산을 관장하는 데다가 출산 경험이 있음에도 모성과는 거리가 멀다. 헤라에게 자녀는 부부 간의 결속을 나타내는 표상일 뿐이다. 출산과 관련해 헤라와 에일레이티이아에게는 확고한 원칙이 있다. 이들은 합법적 관계에서 태어나는 아이의 탄생만을 도와준다. 제우스와 레토 사이에서 혼외 출산으로 쌍둥이 남매 아르테미스와 아폴론이 탄생하는 것을 막으려 했던 헤라의 일화는 악명이 높다.

헤라는 레토가 고착된 땅에서 출산하는 것을 금하고 에일레이티이아가 그녀의 산파 노릇을 하는 것도 허용하지 않는다. 결국 레토는 아흐레 동안 산고에 시달리면서 아이 낳을 곳을 찾아 헤매는데, 당시 부유하던 섬인 델로스에서 아르테미스와 아폴론을 출산한다. 먼저 태어난 아르테미스가 동생 아폴론의 탄생을 돕는 산파였다는 설도 있다. 이처럼 헤라는 레토에게 보복을 가하지만, 이는 가정의 수호신인 헤라가 자기 본분을 지키려 한 행위였다는 점도 헤아려볼 일이다.

그럼에도 질투하고 보복하는 헤라의 이미지는 부담스럽다. 이런 감정은 인정하기도 어렵고, 세상에 내보이고 싶지도 않다. 그런데 헤라 없이는 혼인도 없고 가정도 유지되지 않는다는 점 역시 고려해야 한다. 우리 사회에서 영향력 있는 남자가 젊고 예쁜 여자를 만나 조강지처를 버리는 스캔들이 날 때마다 이 땅의 아내들은 얼마나 대동단결하여 화를 내고 비난을 쏟아내는가? 가정은 반드시 지켜야 하고 결코 훼손해서는 안 된다는 여성들의 무의식적 결의가 얼마나 강하게 집단적으로 작동하는지 목도하곤 한다. 수많은 아내들이 조강지처의 대변인이 되어 발 벗고 나서서 욕을 하는데, 그 욕은 대체로 새로이 파트너가 된 여성을 향한다. 남의 일 같지 않다고 느끼겠지만, 과한 오지랖이다. 이럴 때는 내 안에, 그리고 우리 안에 여신 헤라의 힘이 얼마나 강하게 작동하는지를 곱씹어봐야 할 것이다.

요즘은 부부의 덕목 중 '평등'이 그 어느 때보다 중요한 가치로 대두되는 시기인데, 헤라와 제우스 부부야말로 평등하다. 이 둘은 힘에 있어서 어느 쪽으로도 기울지 않는다. 바람을 피우고 복수를 하고 서로 속임수를 써가며 열렬히 싸우지만, 이 둘 사이에서 순종이나 종속이나 길들임 같은 수직적 힘을 나타내는 단어들은 관찰되지 않는다. 그래서 바람과 이어지는 복수가 놀이처럼 느껴지기도 하나 보다.

유학 시절 신화 수업 시간에 평등한 부부를 규정하는 요소에 대해 토론을 벌인 적이 있다. 내 머릿속에 사랑과 믿음과 존중이 떠오를 때, 급우들은 힘과 돈과 섹스를 언급했다. 이 뻔뻔하게 노골적인 친구들이 당혹스럽다가도 이들과 나 사이의 엄청난 간극에서 혼인에 대한 나의 몰이해를 돌아보게 되었다. 한술 더 뜬 교수가 논의에 마침표를 찍었다. 둘이 좋아 알몸으로 안고 있더라도 세금은 내야 하는 게 혼인이라고.

긴 세월 함께하는 부부 간에는 경제적 자립도, 정치적 힘도, 함께 몸을 나누는 섹스도 중요하다. 나에게 하나를 덧붙이라면 각자의 삶을 즐길 줄 아는 능력을 추가하겠다. 이는 인간이 살아가면서 마땅히 길러야 할 감각인데, 자기 삶의 불만족을 배우자 탓이라고 투사하는 부부들을 얼마나 자주 보는가? 평등, 힘, 돈, 섹스, 소소한 기쁨을 누리는 감각 등이 일생을 함께하는 부부 사이의 불만족을 낮추는 데 필요한 요소임에 틀림없다. 사랑, 존중, 자기실현 같은 추상적 가치를 삶으로 살아내기 위해서라도 부부가 현실적으로 숙고해야 할 요소다.

혼인을 중시하는 여신 헤라는 우리 식으로 말하면 본처나 정실부인에 가깝다. 가정에서 본실이라는 공간을 점유하고 관장한다는 우리 옛 표현에 올림피아를 다스리는 여신 헤라의 자리와 권위가 겹쳐지는 지점이 있다. 집의 내밀한 자리에 안방이 있듯이 신전의 한가운데 헤라와 제우스의 침상이 있다. 이제 여신 안으로 더 깊이 들어가 헤라의 성을 만나보자.


## 섹스란 부부 사이의 사랑을 회복하는 언어


헤라 신전의 중앙에는 침대가 놓여 있다. 고고학 탐사가 입증한 사실이다. 신화에는 이 침실이 상세히 묘사되어 있다. 장인 헤파이스토스가 부모를 위해 만들어준 특별한 안방인데, 방문의 튼튼함을 매우 강조한다. 타인이 절대 열 수 없도록 되어 있어 철저하게 부

• 올림피아의 헤라 신전. 기원전 590년경에 건
립되었으며, 그리스에 남아 있는 가장 오래된
신전이다. 전형적인 도리스식 건물로, 전쟁과
지진을 겪으며 일부가 파괴되었지만 보수를
거쳐 현재까지 보존되고 있다.

부만의 공간이 보호된다. 『일리아드』에도 이곳이 묘사된바, 헤라와 제우스가 여느 때 같이 싸움을 벌인 뒤 화해를 하고 잔치가 벌어진다. 음식과 연주와 노래로 모두의 마음에 부족함이 없을 무렵, 신성한 커플은 침상으로 향한다. "번개의 신인 올림포스의 제우스도 달콤한 잠이 찾아올 적마다 늘 쉬곤 하던 침상으로 갔다. 그는 거기에 올라가 잠을 청했고, 그의 곁에는 황금 옥좌의 헤라가 누워 있었다."

헤라는 섹스를 부부의 사랑을 회복하는 화해와 결속의 언어로 간주한다. 가령 여신은 아프로디테에게 서로를 원망하며 사이가 멀어진 오케아노스와 테티스 이야기를 건넨다. 그러면서 자신이 이 둘을 다시 사랑으로 결합시키려 한다고 말하는데, 이를 가능케 하는 것이 바로 섹스다. 헤라가 신전 중앙에 침상을 둔 것은, 이것이 부부 사이를 끈끈하고 견고하게 만들어주기 때문이다. 그렇다고 헤라가 섹스를 소위 말하는 뜨거운 밤을 보내는 것으로만 바라보는 것은 아니다. 그녀가 열정적인 섹스와 관련되었다는 기록은 찾아보기 어렵다.

실제 헤라는 술의 신 디오니소스나 광란의 여성 마이나데스를 싫어한다. 방탕하게 날뛰는 야생의 섹스나 엑스터시가 여성을 가정에서 멀어지게 한다고 생각하기 때문이다. 현시대 섹스에 대한 과장된 요란함은 미디어가 만들어낸 판타지에 가까울 터. 그렇다고 의무 방어라는 식의 김빠지는 접근도 섹스에 대한 조롱이기는 마찬가지다. 심리학을 전공한 지인이 섹스 테라피를 시도한 적이 있는데, 비아그라가 처음 나왔을 때만큼이나 폭발적인 문전성시를 이루어서 테라피를 접을 수밖에 없었다고 한다. 성에 대한 우리의 욕구와 억압이 노골적으로 드러난 일화일 것이다. 변화의 가속도가 액셀을 밟는 듯한 느낌을 지울 수 없는 시대건만, 성에 대한 인간의 의식은 왜 이다지도 더디게 진화하는지 모르겠다.

헤라도 유혹의 기술을 사용한다. 그러나 이때도 섹스 자체를 위한 것이라기보다는 다른 목적이 뒤따른다. 『일리아드』14장에는 트로이를 도우려는 제우스를 막기 위해 헤라가 제우스를 유혹하는 과정이 상세히 묘사되어 있다. 올림포스에서 전장을 내려다보던 헤라는 그리스군의 위기를 목격하면서 제우스가 전쟁에 개입하는 것을 막아야겠다고 마음먹는다. 이를 위해 쓰는 무기가 바로 유혹이다.

헤라는 성적 매력을 발산하기 위해 갖은 치장을 한다. 마지막으로 아프로디테에게 애정과 욕망, 그리고 현명한 자의 마음도 흐리는 사랑의 밀어와 설득이 들어 있는 띠를 빌린다. 신이든 인간이든 그 앞에서는 절대 거절할 수 없는 마법의 띠라고 알려져 있는데, 거들이라고도 부른다. 헤라는 그렇게 만반의 준비를 갖추고 제우스가 있는 이다산으로 간다. 이때 그녀를 마주하게 된 제우스가 한 말이다. "우리 둘이 잠자리에 누워 사랑을 즐깁시다. 일찍이 여신이나 여인에 대한 애욕이 이렇듯 강렬하게 내 마음을 사로잡은 적

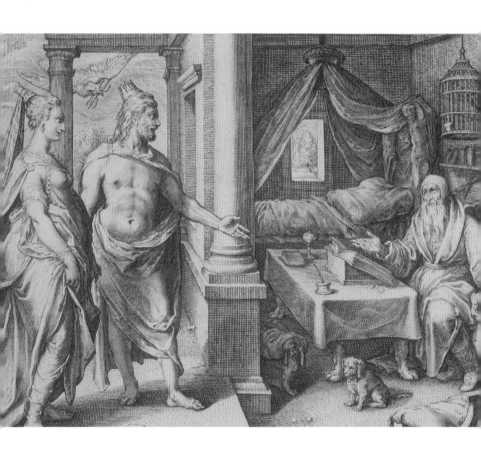

- 네덜란드의 화가이자 판화가 헨드릭 골치우 스가 1615년 제작한 동판화. 테이레시아스가 제우스와 헤라 사이에 벌어진 논쟁에 대해 답 하는 장면을 묘사했다. 쿠어하우스클레베미 술관 소장.

은 한번도 없었소." 유혹은 마법을 발하는 예술이다.

제우스와 헤라가 성에 대한 논쟁을 벌이다가 인류에게 영원한 수수께끼를 던진 일화는 유명하다. '남자와 여자 중 누가 더 섹스를 즐길까?' 결론 내기 만만찮은 이 난제를 신들은 이렇게 풀어낸다. 테베의 예언가 테이레시아스에게 여자로 7년, 이어서 남자로 7년을 살아본 뒤 그 경험을 토대로 난제에 답하라는 명을 내린 것이다. 14년 뒤 두 신 앞에 나타난 테이레시아스는 여자가 남자보다 아홉 배 더 만족감을 느낀다고 답한다. 이에 진노한 헤라는 그 자리에서 테이레시아스의 눈을 멀게 한다. 참 의아한 대목이다. 헤라는 신이 나서 테이레시아스에게 상을 줘야 하는 것 아닌가? 최근 여자가 남자보다 세 배 더 섹스를 즐긴다는 기사를 읽은 적이 있다. 문제는 아홉 배라는 수의 부정확함에 있었나 보다. 인간이 이런 쓸데없는 데 목숨을 거는 것은 본래 신들이 그러했기 때문이라 핑계 댈 수 있으니 다행이다.

신화에는 헤라를 유혹하는 남신들과 남자들에 대한 일화도 있다. 여신은 이들의 구애를 거절하는 과정에서 엄청난 폭력을 자행한다. 양치기 소년 엔디미온을 영원한 잠에 빠뜨리고, 거인 에피알테스를 형과 함께 기둥에다가 뱀으로 칭칭 묶어버린다. 트라키아의 왕 케익스는 헤라가 자기 아내라고 허풍을 떠는데, 여신은 그를 새로 변신시켜버린다.

헤라에게 섹스란 부부 사이에 허용되는 특권이다. 여신이 침상에서 요조숙녀는 아니었지만, 그렇다고 뼈와 살이 타는 섹스에 흠뻑 탐닉했던 것도 아니다. 헤라야말로 제우스 같은 바람둥이 남편과 살면서 일부종사한다. 정절이 헤라의 핵심 가치였기 때문이다. 고대의 여신 헤라에게 비옥한 토양과 같은 풍요나 생명의 연속성이 최우선 가치였다는 점을 고려한다면, 정절을 중시하는 헤라의 이미지는 가부장제의 덧칠이 많이 이루어진 산물일 것이다.

고대에 숭상한 본래 헤라와 달리 올림포스의 헤라는 가부장제의 자장 아래 놓여 있다. 이때의 헤라는 성에 관한 한 가히 조선조 여인의 귀감이라 할 만하다. 하지만 체제에 순응하고 집단 문화에 고분고분할 여신이 결코 아니다. 그럼에도 헤라가 정절을 지킨 이유에 대해, 그 심리적 역동을 한번 찾아보자.


## 버림받고 싶지 않은 이들이 풀어야 할 과제


올림포스의 신성한 커플 제우스와 헤라의 혼인 생활에는 의아한 점이 많다. 제우스는 끝없이 혼외 짝짓기를 하러 다니고, 헤라는 지치지 않고 이들을 찾아내어 보복을 한다. 한 학자가 신화에서 제우스와 연을 맺은 이들의 수를 헤아린 적이 있는데, 어렴풋한 내 기억으로 115명가량 되었다. 이 지점에서 인내심을 타고나지는 않은 나의 물음은 이것이다. 재미있지도 않은 이 게임을 왜 이렇게 오래하지?

　인간이든 신이든 고통을 피하고 행복을 원하는 것은 우주 불변의 진리일 터. 결국은 나 좋자고 산다. 이를 고상하게 표현하자니, 나 자신에 대해 책임지는 삶이니 나를 존중하는 삶이니 하는 것이다. 괴롭다고 하면서 같은 행위를 되풀이할 때는 반드시 내면에 그 원인이 있다는 것이 심리학자들이 인간과 세상을 탐색하면서 터득한 바다. 드러나지 않는 것을 관통해 보면서 내면에서 표출된 행동을 설명하는 것이 심리학자들의 미션이고 이를 치유하려는 것이 테라피일 텐데, 헤라가 치유의 대상은 아니지만 그녀의 행동을 심리학적 렌즈로 한번 살펴는 보자.

　제우스는 여신들에게 둘러싸여 어린 시절을 보냈고, 헤라는 아버지 배 속에서 어린 시절을 보냈다. 이들의 정신을 지배하는 무의식적 과제는 각기 다음 문장으로 귀결된다. '어떻게 이 대리 엄마들을 만족시킬 수 있을까?' '어떻게 아버지의 자궁이 나를 제대로 양육하게 만들지?' 심리학적 눈으로 보면, 이들 부부의 혼인 생활에 일부로 자리한 바람과 질투의 드라마는 각각 생애 초기에 일어난 결핍과 상처를 어찌해보려는 안간힘이다. 불교식으로 말하면 각자의 업을 살아내는 것인데, 삼라만상의 쳇바퀴에서 한 치도 벗어나지 못하는 이유는 무지 때문이다. 일체유심조一切唯心造까지 들먹이지 않더라도 고통의 드라마가 괴롭다고 하면서 되풀이하며 사는 것은 어떻게든 내면의 상처를 해결해보고 싶기 때문이다.

제우스의 행동에 진단명을 붙이자면 관계 중독이나 로맨스 중독쯤이 될 것이다. 이는 상처에서 기인한다. 이러한 남편을 둔 아내라면, 남편이 내면의 상처를 잘 다루는 길을 찾도록 조언하는 것이 순리다. 하지만 아내에게는 또 다른 단호한 옵션도 있다. "이런 소모적 혼인은 내가 받아들일 수 없어. 각자 자신의 길을 찾자!" 그런데 여신은 이런 길을 택하지 않는다. 신들에게는 혼인을 파할 선택권이 없는지, 아니면 혼인의 여신이라 이를 수호하는 게 무엇보다 중요한지, 아니면 올림포스에서 이혼이 무척이나 어려운 일인지 모르겠다.

제우스가 더 열심히 바람을 피우고 다닌다 할지라도 헤라가 제우스를 떠날 확률은 거의 없다. 그렇다면 왜 헤라는 이 지난한 드라마에서 벗어나지 못하는 것일까? 그 원인은 여신의 내면에 있다. 결론부터 말하자면 헤라는 제우스를 떠나지 않는 게 아니라 떠나지 못한다.

헤라는 출생과 동시에 엄마를 잃는다. 아버지 크로노스가 자기 자리를 위협받을까 두려운 나머지 갓 태어난 아기들을 삼켜버려 자식들과 어머니를 갈라놓은 탓이다. 아기 헤라의 입장에서는 영문도 모른 채 어머니와 헤어진 것이다. 이 유기 불안이 일생 헤라의 심리를 지배한다. 버려진 아픔이 무의식의 기저에 굳건히 자리하고 있기에 혼인 생활 내내 '제우스가 나를 버리면 어떻게 하지?'라는 내밀한 공포가 작동한다. 제우스와 관계한 파트너들에 대한 보복에는 다시는 유기되지 않으려는 헤라의 절박함이 들어 있다.

너무 이른 시기에 어머니를 잃은 헤라의 내면에는 부정적인 마더 콤플렉스가 자리하고 있다. 헤라가 딸들을 제외하고 어떤 여신들과도 친밀한 관계를 맺지 못하는 것은 바로 이 때문이다. 헤라가 비교적 활발하게 교류하는 여신은 아테나인데, 그녀는 앞서 살펴본바 남성 세계와 조화를 이루는 여신이다. 그리고 헤라는 제우스가 아니라 상대 여인들을 향해 복수의 화살을 겨눈다. 이것이 헤라의 심리적 토양이다. 헤라의 복수는 자기 어머니에 대한 분노와 좌절의 표출이기도 하다. 아울러 여성으로서의 통과의례를 거치지 못한 여신이 자기 내면에서 좌절된 여성성에 대한 화를 이렇게 드러내는 것이다.

헤라 생애의 출발점을 상상해보자. 어머니의 자궁 문으로 고개를 내밀었을 때, 세상은 여신을 환대해주지 않았다. 자신을 위한 따뜻한 품도, 요람도 마련되어 있지 않았다. 처음으로 마주한 이는 자기 자식을 삼키는 포식의 아버지다. 그러니 세상을 온통 먹고 먹히는 위험투성이로 인식할 수밖에 없다. '제 먹을 것은 자기가 타고난다.' '어떻게든 되겠지.' '나는 잘될 것 같아.' 이런 뜬금없는 낙관은 부정적인 마더 콤플렉스의 소유자 입에서 나오지 않는 법이다. 신학적으로 말해 헤라는 원복原福, original blessing이 아니라 원죄original sin, 즉 낙원 상실로부터 삶을 시작한다.

엄마 품을 상실한 헤라는 아버지 배 속에서 자라는데, 아버지와 딸이 한 몸이라 자연히 헤라는 아버지와 자신을 동일시한다. 헤라가 지나치게 권력 지향적이고 과도한 공격성을 보이는 것은 이런 심적 토양에 기반한 것이다. 말 그대로 아버지에게 먹힌 딸이다. 아버지와의 관계를 해결할 수 없었던 헤라가 남편 제우스와의 관계도 풀어 나갈 수 없었던 것은 선택권 없이 일어나는 심리학적 법칙이다.

헤라는 힘 있고 당당하고 능력 있는 올림포스의 여왕이지만, 그녀의 내면에는 남자가 자신을 양육해주기를 기대하는 덜 자란 어린아이가 있다. 이는 아버지 크로노스의 자궁에서 너무 오래 머문 탓일 터. 어쩌면 가부장 시대를 살아가는 수많은 여성들의 집단적 운명이기도 할 것이다. 여성의 권리와 평등을 맹렬하게 외치면서도 가부장제가 바라는 현모양처의 꿈을 저버리지 못한 채 살아가는 여인들이 이런 집단 무의식의 딸들이다.

게다가 자기 자신을 위해 자식을 잡아먹는 아버지 크로노스의 의식은 원시 단계에 머물러 있다 해도 과언이 아니다. 그러니 크로노스의 자궁에서 헤라는 영양실조 상태였을 것이다. 바로 이 지점이 아버지의 딸 아테나와 전혀 다른 심리적 토대다. 이 근원적 허기를 혼인으로 채우려 드는 것은 불 보듯 뻔한 일이다. 결국 헤라는 제우스가 자신을 무조건 사랑하고 지켜주는 양육자이길 바라는 것이다.

혼인으로 자신의 결핍이 채워지고 자기 삶이 온전해지리라 꿈꾸는 헤라다. 이런 헤라의 간절함에서 자신의 모습을 반추하지 않을 여인이 지금 세상에 있을지 모르겠다. 본래 혼인 서약은 각자가 그리는 낙원의 약속이 아니라 준엄한 시련의 언약이다. 한 개인의 성장과 발달을 위해서 각자 아직은 풀지 못한 상처를 다룰 새로운 장이 펼쳐졌으니 감사할 줄 안다면 다행이지만, 대개는 오랜 세월 수많은 시행착오를 겪고서야 이 깨달음에 다다른다. 헤라로서는 삶을 온전하게 만들어주지 않는 제우스에게 화만 날 것이다. 헤라가 품은 화와 소유욕의 본질은 제우스가 절대 자기 것이 되지 않는 데 대한 분노다.

　이제 정절부인 헤라가 이해된다. 여신의 정절은 성에 대한 두려움의 소치인 것이다. 혼인에서 부부 침상을 중시하는 헤라지만, 그녀에게는 성을 누리고 즐기는 것을 부부가 하나되는 의례로 여기며 감사한다는 느낌이 없다. 이러한 경향은 헤라의 자매들에게도 엿보인다. 안방 구들목의 여신 헤스티아는 남자를 거부한다. 데메테르는 남편을 배제한 채 딸과의 관계만 중시

• 이탈리아의 조각가 알레산드로 비토리아가 16세기에 제작한 청동상. 여신 헤라가 그녀를 상징하는 동물인 공작의 머리 위에 손을 올리고서 우아하게 서 있다. 메트로폴리탄미술관 소장.

한다. 헤라는 남편이 자신을 양육해서 온전히 채워주기를 갈망한다. 아버지 배 속에서 자란 세 여신의 양육 과정은 한마디로 말하면 성에 반하는 성장이다. 이 토양이 양성적 욕구를 가중시켜서 홀로 온전해지려는 경향으로 표출될 수도 있다. 헤라에게 이 경향은 헤파이스토스와 아레스의 출생에서 잘 드러난다. 여신은 마치 자웅동체처럼 홀로 이 아들들을 낳는다.

사실 이런 분석은 여신에 대한 불경이다. 고대의 헤라 숭배자들에게는 돌팔매를 맞을 짓이다. 그런데 나의 내면에서 헤라를 만날 때, 이는 엄연한 현실이고 살아 있는 힘이다. 현대 여성들에게, 특히 고학력자일수록 홀로 온전해지려는 욕구가 얼마나 강렬한가? 아울러 가부장 자궁으로 회귀하고픈 내밀한 충동 또한 얼마나 강한가? 나에게서 그리고 우리에게서 헤라의 비애를 아프게 목도한다.


## 눈을 뗄 수 없는 질투의 끝자락은 어디일까

헤라의 질투는 특별하다. 원형적 힘에 대해 감히 분석의 칼날을 들이대었지만, 신화적 차원도 존중을 하자. 신화 속 인물들은 의인화되어서 마치 인간으로 착각하게도 하지만, 이들은 본래 초인적 존재다. 즉 우리 의식 너머에 있는 누미노제의 원천인데, 이 사실을 잊지 말고 제대로 예를 갖추자. 질투가 헤라를 대표하는 감정임에 틀림이 없다. 달리 말하자면, 헤라가 여신인 만큼 질투는 신의 감정이다. 그렇다면 질투에는 어떤 신성함이 깃들어 있을까? 질투의 본질, 그 감정 자체에 대해 신적인 깊이로 한번 다가가보고 싶다.

흔히들 질투에 사로잡힌다고 표현한다. 질투가 마음속에 똬리를 틀면 그 감정에 먹혀버릴까 두렵다. 질투는 의식의 통제를 무력화하고 인간의 가면을 초토화할 정도로 강한 감정이기 때문에 그렇다. 굳이 그리스 비극의 주인공 메데이아나 셰익스피어 비극의 주인공 오셀로를 들지 않더라도, 질투에 메가톤급 파괴력과 공격성이 장착되어 있다는 것은 누구든 경험으로 안다. 그러니 질투라는 크나큰 감정에 일방적으로 휘말리지 않으면서, 그렇지만 이 감정의 정체를 파악하기 위해 의식의 촛불을 꺼뜨리지 않으면서 조심조심 접근해보자.

질투는 '보는 것'과 이어져 있다. 제우스가 세상 어느 곳에 숨어서 바람을 피우든, 어떤 모습으로 위장을 하든 헤라의 눈은 피할 길이 없다. 의심의 눈초리가 미치지 않는 자리는 우주 안에 존재하지 않는가 보다. 질투하는 헤라는 샅샅이 보고, 강박적으로 보고, 상상의 눈으로 본다. 질투가 단골 소재인 드라마에서도 열정적으로 무언가를 보는 장면이 빠지지 않는다. 배우자나 연인의 핸드폰을 열어보고, 옷이나 몸에 있는 흔적을 살펴보고, 상대가 어디로 가고 누구를 만나는지 뒤따르며 지켜본다. 때로는 흥신소 직원의 카메라로도 보고, 불법 촬영 카메라까지 동원해서 본다. 의심의 눈은 관찰 대상을 적대적으로 지켜보고, 상상의 눈은 모든 퍼즐들을 탐정처럼 엮어 드라마 속으로 더 깊이 빨려들게 만든다.

눈을 뗄 수 없게 만드는 질투, 그 떨쳐내기 힘든 감정은 애착하는 누군가를 잃을 수 있다는 두려움에서 비롯된다. 헤라에게 제우스가 누구인가? 그저 남편이 아니라 심리적으로 미흡한 생애 초기의 애착에 대한 허기를 채워주리라 기대하는 대상이다. '사랑으로 온전해지리라.' '내 사랑은 영원하리라.' 헤라는 이런 식상한 표현의 맹신자일 수밖에 없다. 나를 채워주기를 바라는 그 사람이 나만큼 결핍되어 있다는 사실을 알아챌 리 없다.

우주에 상존하는 심리학적 진리를 들자면, 세상 그 누구도 충분히 어미젖을 먹지 못했으며 부모가 나만 바라보기를 바라는 욕망을 충족하지 못했다. 아이들은 절대적이고 배타적이고 확실한 사랑을 원한다. 생애 초기의 결핍이 고스란히 남아 신음 소리를 내니 새로운 관계가 온전하고 변함없길 바라는 열망을 거둘 수가 없다. 아마도 이는 인간이 태초의 낙원을 기대하는, 포기할 수 없는 궁극적 욕망에까지 이어져 있으리라. 따뜻하고 안락하고 무조건적으로 주어진 자궁의 기억, 즉 자궁 판타지가 사랑하는 이를 향한 투사의 기저에 깔려 있는 것이다. 질투의 기저에는 이런 근원적 열망에 대한 상처가 있어서 감당하기 어려운 파괴성을 불러낸다.

개인적으로 인간관계에서 더는 어찌해볼 길 없는 자리에 이를 때마다 난공불락의 벽 앞에 서는 심정이다. 같은 언어를 쓰더라도 서로에게 닿지 않는 말은 외계어일 뿐이다. 가장 친밀하기를 그리고 제일 함께하기를 바라는 사람과 소통이 불가능할 때, 들끓는 분노와 배신감, 압도하는 슬픔, 상실에 대한 두려움으로 몸부림을 친다. 이때가 절망이다. 질투라는 감정은 말이 많아지게 만든다고 한다. 마치 헤파이스토스가 아내의 배신을 온 올림포스에 알려 자신의 억울한 심정을 남들이 알아주길 바라는 심정과 유사할 것이다. 온 세상에 방을 붙여 답답함과 억울함을 고지해 내 타당성을 확보하면서 위로받고 싶을 때까지가 질투일지 모르겠다. 그런데 이는 아직 상대와의 관계에 대한 가능성을 놓지 않은 상태다.

이 단계를 넘어서면 상대뿐 아니라 세상으로부터 자신을 차단한다. 질투와 보복을 멈춘 헤라의 상실과 아픔의 골은 이보다 훨씬 깊고 어두워보인다. 이 차이를 프로이트는 '애도'와 '멜랑콜리'로 구분했나 보다. 애도는 상실을 수용하는 것이다. 울부짖고 가슴을 쥐어뜯고 짐승처럼 굴지라도 심리학자들은 3년이면 애도의 과정이 끝난다고 말한다. 멜랑콜리는 애도를 거부한 채, 자기를 떠난 그 상대를 먹어버린 경우다. 내가 먹은 것이 나를 갉아먹게 두니 우울과 사디즘이 계속된다. 상실을 부인하는 걸 그만두고 먹은 걸 뱉어낼 때까지 이 상태는 계속 이어진다.

애도의 순간 온 세상이 황폐해지는데, 이 암흑의 순간 오롯이 혼자다. 한없이 무력하고 온전히 헐벗은 자리다. 이때 헤라는 고향으로 돌아가는 선택을 한다. 마치 고독한 영성가들이 자연으로 들어가듯, 헤라는 처음 태어난 근원의 자리로 돌아간다. 결국 멜랑콜리는 애도를 감당할 힘이 없는 것이다. 헤라의 선택은 다르다. 그 외롭고 취약하고 두려운 자리를 피하는 대신, 오롯이 겪어내려는 선택이다.


## 질투의 이면을 바라보는 지혜에 대하여

질투의 긍정성을 이야기한 스승이 있다. 덕목을 알아보는 능력이라 말했다. 다시 '본다'라는 개념과 연결된다. 이번에는 바깥이 아니라 안으로 눈을 돌려 자신을 볼 뿐이다. 다른 여신들과 여인들을 통해 보던 내용은 실은 내 안에서 발굴되지 않은 채 억압되고 부정된 특질이다. 이를 외부로 투사하고 있었다는 사실을 인식할 때, 비로소 안을 살피게 된다. 열정을 품고 샅샅이 자신을 탐색하는 작업은 늘 지혜의 길이다.

헤라가 질투하는 여신들이나 여인들을 자세히 보면, 이들은 곧 헤라에게 필요한 여성성의 소유자다. 디오니소스의 어머니인 세멜레는 '세멜레 신드롬'이라는 말을 탄생시킬 정도로 제우스와 흠뻑 사랑에 빠졌다가 화염에 불타 죽는다. 불타는 열정은 남녀 관계에 자주 등장하는 감정인데, 이 상태가 지속되면 자신이 파괴되고 사랑 때문에 요절한다. 트리스탄과 이졸데, 로미오와 줄리엣 같은 비극의 주인공으로 역사에 등극할 순 있겠지만, 삶에 어찌 이런 뜨거운 맛만 있겠는가? 아르테미스와 아폴론의 어머니 레아는 올림포스에서 가장 부드럽고 관대한 여신으로 알려져 있다. 그녀의 포용력과 친절함은 종종 '어머니 같음'과 비견되기도 하는데, 이런 푸근한 여신의 품을 누군들 갈망하지 않겠는가? 제우스의 또 다른 여인으로 파리스의 황금 사과와 함께 트로이전쟁의 또 다른 단초가 된 레다는 백조로 묘사된다. 수많은 르네상스 작가들은 백조 같은 그녀의 수려한 우아함에 영감을 받아 무수한 걸작을 탄생시켰다. 이런 아름다움은 문명화를 촉진하는 토양이다. 또 유럽이라는 말을 탄생시킨 에우로페는 달과 연관된 처녀다. 그녀는 순수한 어여쁨과 신비함의 대명사다. 제우스는 에우로페에게 반해 황소로 변신한 뒤 그녀를 납치했고, 그녀는 사후 밤하늘을 밝히는 황소자리가 된다.

이제까지 언급한 세멜레, 레아, 레다, 에우로페 모두 헤라가 복수의 과녁으로 삼은 이들이다. 물론 헤라가 복수를 하게 된 원인은 남편 제우스에게 있다. 그

• 알베르 에르네스트 카리에 벨뢰즈가 1870년경 제작한 〈레다와 백조〉. 레다의 손가락과 그녀를 감싼 천, 구불구불한 백조의 목이 메아리치는 듯한 작품이다. 메트로폴리탄미술관 소장.

런데 유책 배우자가 누구인지 판단하는 것에서 한발 나아가보자. 외부가 아닌 내면으로 눈을 돌리는 것은 개성화를 위해 필수 불가결하다. 헤라가 질투한 이들의 특질로 헤라 자신이 거부해온 여성성의 목록을 만들 수 있을 것이다. 이런 관점에서 본다면, 질투가 덕목을 알아보는 지혜라는 불교의 가르침은 타당하다.

그간 헤라가 해왔던 보복, 즉 적극적인 파괴 행위는 자기 안에 허용하지 못한 것들을 밖에서도 결코 허용할 수 없다는 심리학의 원리가 얼마나 옳은지를 여실히 입증하는 증거다. 그렇다고 제우스의 바람이 헤라의 자기 수용과 성장을 위한 것이었다고 말한다면, 헤라의 몸에서 사리가 나올 일이다. 제우스의 과제는 제우스가 풀도록 남겨두고, 둘의 관계와 무관하게 헤라가 삶에서 의식화하고 통합해야 할 것들이 표면으로 올라왔다는 점에만 주목해보자.

프로이트가 말한 멜랑콜리는 병리에 주목한 개념이다. 분노와 두려움, 슬픔과 배신감, 애도와 복수심에다가 상실감과 죄책감 등 바닥에 묻혀 있던 날감정들의 쓰나미가 한꺼번에 닥치면 멜랑콜리에 삼켜진다. 이 자리에서는 여태 구축한 것, 굳건히 믿었던 나라는 존재의 파산이 일어난다. 한없는 무기력, 무의지, 무감각의 나락으로 떨어져 스스로 믿어왔던 자신에 대한 확신을 더는 할 수 없어진다. 이를 자아의 위축이라고도 한다.

헤라의 정신을 지배하는 두려움은 어머니로부터의 유기라 했다. 제우스의 바람은 정확히 헤라의 유기 불안을 자극해왔다. 혼인을 깨트릴 수 있다는 위협은 헤라가 일생 동안 충분히 애도하지 못했던 상실과 슬픔을 꼬리에 꼬리를 물고 한꺼번에 끌어올린다. 이럴 때 무얼 할 수 있을까? 아무것도 할 에너지가 없는 순간에 할 수 있는 게 있다는 걸 터득한 적이 있다.

블랙홀도, 그 부근도 아닌데 중력이 유독 강하게 작동하는 듯 바닥으로 가라앉아 책상에 앉기도 힘든 시간 동안 나는 오롯이 꿈만 바라보았다. 꿈을 꾸니 꿈을 적었다. 꿈이 무슨 이야기를 하는지, 나를 어디로 데려가는지, 그것을 따라가는 것 말고 달리 할 수 있는 게 없었다. 그러다가 한 계절이 지났다. 봄이 되어 새 학기를 시작할 때에 이르러 '아, 이제 이 어둠에서 벗어나는구나!' 깨닫게 해주는 꿈을 꾸었다.

지하 세계다. 미로처럼 구획이 나뉘어 있다. 마치 독서실 책상들을 위에서 보는 듯한 모습이다. 나는 이곳에서 나간다. 그 입구에 노트르담 꼽추같이 못생기고 덩치가 큰 난쟁이가 나를 고약한 표정으로 째려본다. 그 험악하게 주름 잡힌 얼굴 표정이 꿈에서 깨고도 뇌리에 선명하게 남는다.

삶이 또 다시 나를 이런 자리로 데려갈 것이다. 마치 식물인간처럼 아무것도 할 수 없을 때지만, 내 안에서 무슨 일이 일어나는지 지켜보는 일은 할 수 있다. 생명의 기운조차 사라져버린 듯한 움직임 없는 어둠의 자리에서 의식의 밝기를 부여잡는 것, 아마도 이게 캄캄하고 어둡고 깊은 동굴의 거주민으로 안착하지 않는 유일한 길이 아닌가 한다. 다시는 가고 싶지 않은 곳이지만, 또 다시 이곳으로 떨어지게 된다면 이처럼 꿈을 바라볼 것이다. 이게 내 안을 보는 가장 손쉬운 방법이자 내가 멜랑콜리에 함몰되지 않을 유일한 동아줄이란 걸 이제는 안다. 이는 실은 멜랑콜리가 아닌 애도에 가까울 것이다. 이것이 내가 터득한 애도의 방식이다. 아무것도 할 수 없는 자리에서도 뭔가를 할 수 있다는 것, 그 아이러니한 사실이 삶에 위안이 될 뿐만 아니라 엄청난 힘이 된다. 동짓날 암흑이 빛을 가장 필요로 하듯 마음속 칠흑이 의식의 빛을 절실히 요하는가 보다.

혜라의 유일한 선택도 침잠이다. 여신은 고향으로 돌아간다. 그러고 보면 혜라에게 어머니가 없었던 것은 아닌 듯하다. 고향은 어머니다. 나를 상실한 순간, 유일한 회귀의 자리는 고향이자 자궁이다. 신화에서 자궁은 무덤이다. 고향 스팀팔로스에서 무슨 일이 벌어졌는지, 혜라의 내면에 어떤 변화가 일어났는지 신화는 말해주지 않는다. 짐작컨대 죽고 거듭남의 통과의례가 있었을 것이다. 세계의 신화들은 공통적으로 매번의 죽고 거듭남이 본질적인 자신에 더 가까워지는 과정이라 말한다. 이를 거치면서 혜라는 생애 초기에 점철된 상처, 그 영향으로 형성된 관계의 패턴, 혼인에 대한 기대, 자신을 돌보지 않는 상태에서 비로소 벗어날 것이다. 자신의 혼인을 재고해보면서 남편 제우스가 자기 삶을 충족시켜주리라는 판타지가 얼마나 실현 불가능한 기대인지도 알게 될 것이다.

어쩌면 20대, 30대에 멋모르고 혼인 서약을 했다가 중년의 위기를 지나면서 자신이나 인생에 대해 어느 만치 알 즈음 혼인의 준엄함을 깨닫고 진정한 서약의 의미를 알게 되는지 모르겠다. 나처럼 늦된 사람은 쉰이나 예순이 혼인 적령기일 듯한데, 모두가 이렇다면 지구상에 인간이란 종은 씨가 마를 것이다. 생물학적 성인과 정신적 성인의 간극을 줄이는 묘안이 필요한 듯하다.


## 산전수전 공중전 다 거친 커플의 해피 엔딩

제우스는 고향에 있던 헤라를 불러들이기 위해 속임수를 쓴다. 이들이 다시 만나는 모습은 그리스 신화에서 지극히 유머러스한 장면 중 하나다.

제우스가 키타이론산에 가서 이 지역 공주와 혼인을 한다고 만방에 소문을 낸다. 혼례식 날이다. 하객이 넘쳐나고 예식이 거행된다. 절차에 따라 신랑이 신부 얼굴에 드리운 베일을 들어 올린다. 드러난 신부는 목각 인형이다. 이 순간 몰래 하객으로 와 있던 헤라는 제우스와 눈이 마주치고, 둘은 박장대소한다.

속임수 혼인은 폭소 희극 같다. 헤라와 제우스 둘 다 웃음보가 터진다. 결국은 서로가 서로를 가장 잘 아는 커플인가 보다. 제우스는 헤라가 위장을 하고 혼례식장에 나타나리라고 예상한다. 헤라는 제우스의 위장 결혼에 속아준다. '내 아내는 이 우주에서 오직 당신뿐이잖아!' 둘은 부부다. 폭소와 함께 화해와 수용이 한 방에 이뤄진다.

산전수전 공중전을 다 거치는 게 부부일 것이다. 가장 취약하고 추한 모습도, 가장 아름답고 숭고한 모습도 서로 나눈다. 가장 영광스러운 순간도, 가장 기쁜 순간도, 또 가장 진부한 순간도, 가장 고통스러운 순간도 함께 나눈다. 이제 성서의 고린도전서 13장의 말도, 로맨틱한 관계도, 열정으로 가득한 것도, 전생의 원수를 만나는 것도, 자식 때문에 사는 것도, 해도 후회지만 안 해도 후회라는 것도, 함께 영원히 행복하다는 것도 온전히 혼인의 모든 것을 담아내는 묘사가 아니라는 것을 나는 안다.

혼인의 여신 헤라를 탐색하다 보니 혼인이 덜 막연하게 다가온다. 아내라는 말이 주는 부담에서도 어느 만치 놓여나는 듯하다. 내안에 인정하고 싶지 않았던 헤라가 얼마나 큰 비중을 차지하는지 알아가는 게 불편하지만은 않다. 혼인을 멋몰라 하는 선택이라 했는데, 그게 나를 충만하게 해주리라는 착각이든, 동화 속 행복 같은 달달한 판타지든, 과하게 준엄한 언약을 순진무구하게 한다는 사실이 삶에서 일어나는 기적일지 모른다.

JUPITER AND JUNO ON MOUNT IDA.

• 조반니 치프리아니의 1784년작 〈이다산에서
의 유피테르와 유노〉. 헤라가 트로이를 도우
려는 제우스를 막기 위해 그를 유혹할 때의
모습인데, 이후 키타이론산에서 다시 만난 두
사람은 이보다 훨씬 충만한 관계였을 것이다.
메트로폴리탄미술관 소장.

이렇게 언약을 한 덕분에 헤라처럼 상대가 결코 내 상처를 치유하고 내 삶을 충족시켜주지는 못한다는 진리를 배워가고, 자기 이해나 수용을 토대로 상대에게서 보고 싶은 모습이 아니라 있는 그대로의 상대 모습을 알아가는 삶의 지혜를 익히게 된다. 반려자를 온전히 사랑하는 변증법적 충만을 배울 수 있는 것, 이게 바로 혼인이라는 준엄한 서약으로부터 비롯되는 일이다. 가부장제가 요구하는 부부로 사는 게 아니라 스스로의 깊은 갈망을 충족하는 관계를 창조해 나감으로써 혼인의 서약은 세월과 함께 거듭 더 깊은 의미로 영글어갈 것이다.

고향으로 돌아가 고독한 시간을 보낸 헤라가 다시 제우스에게 돌아온다. 키타이론산에서의 웃음과 화해는 단순히 둘이 재결합한 게 아니라 둘 모두에게 어떤 변화가 일어났음을 말해주는 것이리라. 헤라의 변화를 가늠해보자면, 부부 관계라 해도 본질적으로는 홀로임을 받아들이면서 고독 속에서 진정한 관계를 이해한 것이 아닐지? 상대를 통해 기대를 채우려는 자기애적 욕구를 넘어서서 자신의 갈망과 바람에 귀 기울이는 법을 배워가는 것, 자신의 상처가 결국 자신의 정체성임을 알고 보듬는 것, 결국 서로 얽히고설켜 하나가 되는 게 아니라 진정으로 홀로일 수 있는 사람만이 깊이 함께일 수 있음을 깨닫는 것, 그것이 바로 심리학적 혼인을 이해하는 것이리라. 혼인의 여신 헤라가 본질적으로 갈망하는 것이 이런 심오한 관계인지라 그녀는 홀로 온전해지는 것을 추구하는 대신 다시 제우스와의 화합을 선택한 게 아니었을까.

신화에서 잔치와 웃음과 풍요는 해피 엔딩의 필수 요소다. 부부 간에 깊은 관계를 맺으면서도 온전히 자신이고자 했던 난제가 상호 모순되지 않는다는 걸 헤라는 마침내 터득한 듯하다. 이는 자신과의 화해이자 제우스와의 화해이고, 진정으로는 혼인에 대한 화해일 것이다.

상호의 언약에 대해 다루었으니, 이제 절대 고독, 맹렬한 독립과 자유를 존중하는 처녀신 아르테미스의 세계로 입문해보자.

# 4장

# 아르테미스
**Artemis**

여성의 야성,
그 숨어 있는 날것을 찾아서

§

아르테미스 여신은 맹렬하게 자유롭다. 신들이 사는 올림포스보다
는 심산유곡이나 광활한 들판이 여신의 터전이고, 야생의 자연이
여신의 집이다. 짧은 튜닉 차림으로 어깨에는 화살통을 메고 한 손
에는 활, 다른 손에는 사슴뿔을 쥔 채 굳건히 땅을 딛고 당당하게
서 있다. 용맹하고 세차고 활동적이어서 감히 범접조차 어려운 아
름다움을 발산한다. 호메로스는 여신을 부를 때 늘 '활의 여신 아
르테미스'라 했다. 때로 '황금 화살을 가진 떠들썩한 사냥꾼', 쌍둥
이 동생 아폴론과의 관계를 부각해 '멀리 쏘는 이의 누이', 혹은 '야
수들의 여주인인 사냥의 여신'이라 불렀다.

  화살이라는 핵심 이미지가 시사하듯 아르테미스는 사냥의 여신
이다. 자신의 사냥터이기도 한 야생의 자리뿐 아니라 그곳에 서식
하는 야생 짐승을 관장하고 수호한다. 야생 식물의 성장과 번식도
관장하는데, 지구상의 생명 탄생과 번성에 달 모양의 변화와 공전
주기가 미치는 영향을 고려한다면 여신이 달과 친연성을 지닌다
는 사실은 그다지 놀랍지 않다. 어스름한 밤하늘 초승달 위에서 활
시위를 당기는 여신 아르테미스의 이미지는 요즘도 곳곳에서 눈

에 띈다.

 달의 여신, 사냥의 여신, 야생의 여신으로, 이 모든 수식이 수렴되는 특질은 '처녀'일 것이다. 처녀란 오염 없는 순수이자 청정함이다. 인간 존재나 인간 활동의 개입이 허용되지 않는 야생 그 자체인지라 자연 그대로다. 과학과 실용을 기치로 삼은 현 문명은 자연을 정복의 대상으로 본다. 자연으로부터 인간에게 주는 유용성 이상의 가치를 인식하지 못하기에 이를 쓸모없거나 버려진 것으로 규정한다. 그렇지만 동서를 막론하고 인적 닿은 적 없는 깊은 숲을 처녀림이라고 부를 때, 이 표현은 그저 쓸모없거나 버려진 것을 의미하지 않는다. 여신 아르테미스는 심층에서 샘솟는 청정한 물, 햇살조차 침투하기 어려운 빼곡한 숲, 첩첩산중 같은 원거리의 자연 자체를 맹렬하게 지킨다.

• 어깨에 둘러멘 화살통에서 화살을 뽑으려는 여신의 모습을 형상화한 〈사냥의 여신, 아르테미스〉. 사슴이 사냥을 재촉하듯 앞서 나가고 있다. 기원전 325년경 제작된 청동상을 로마 시대에 복원한 사본이다. 루브르박물관 소장. © Wikimedia Commons: Commonists

그러니 아르테미스 여신은 문명의 그림자일 수밖에 없다. 여신 뿐 아니라 여신이 관장하는 야생 또한 깊은 그림자로 있으니 현대인의 내면에는 이 자리가 존재하지 않는다. 정신에 면역 체계가 없는 것이다. 작금의 종 다양성 파괴, 예측을 넘어서는 지구의 온도와 해수면 상승, 도처에서 발생하는 산불 등은 자연에 대한 인간의 시각이 단견이었음을 반증한다. 또한 지구촌을 단번에 위기로 몰아넣은 코로나 사태는 인간의 무지와 부인을 더는 용인할 수 없다는 방점이리라.

신화에서 아르테미스 여신은 야생을 지키기 위해 잔혹해지기까지 한다. 여신을 존중하지 않는 사람에게 이 이미지는 끔찍한 파괴일 뿐이다. 이들은 신성한 숲과 깊은 산속 옹달샘의 가치에 대해서도 무지하다. 여신을 섬기던 사람이라면 발길은 물론 눈길로조차 범하면 안 되는 순수 자연을 존중하는 태도가 겸비되어 있을 것이다. 현대인의 정신에는 이런 접근 불가와 절대 고독의 여성성의 자리가 오롯이 미지로 남아 있다. 바야흐로 생태 시대를 맞아 여신의 이런 맹렬한 독립성과 가치가 새롭게 대두되고 있다.

이제 문명의 그림자이자 인간에게는 배타적인 야생과 자연을 보전하는 아르테미스 여신의 영성으로 눈을 돌려보자. 고대 그리스인을 통해 아르테미스의 세계에 입문하여 생태 시대에 진입한 인류에게 시급히 요청되는 지혜를 배워보자.

# 신성 불가침의 자리, 눈으로도 범하지 말지어다

보이오티아의 사냥꾼 악타이온은 사냥을 하며 돌아다니다가 우연히 목욕하는 아르테미스 여신의 알몸을 훔쳐보게 된다. 이에 진노한 여신은 악타이온을 사슴으로 변신시킨 뒤 50마리의 사냥개들이 물어뜯어 그를 죽게 만든다.

금기를 깬 사냥꾼의 행위에 대한 여신의 처벌은 무자비하다. 아르테미스 여신과 관련해서는 잔혹해보이는 신화 이미지가 무수히 회자된다. 이 이미지들이 의미하는 바는 무엇일까. 인간 입장에서는 파괴적이지만, 여신 입장에서는 인간의 개입이나 침범을 결코 허용하지 않겠다는 준엄한 경고이리라. 금기를 어길 시 지불할 대가가 가공할 만하다는 점은, 여신의 자리와 인간의 자리가 엄격히 상호 배타적이라는 선포다. 이 지점에서 질문해보자. 자연은 자신만을 위한 자리를 필요로 하는가? 여태 물어본 적 없는 물음이다.

지구상의 뭇 생명과 무생물은 인간을 위해 존재하는 것이 당연하다는 듯 살아온 우리다. 이런 인류가 이제는 자연의 소리에 귀기울일 수밖에 없는 처지가 되었다. 생태학자들은 인류의 지속적 생존을 위해 무언가를 해볼 수 있는 시간이 얼마 남지 않았다고 경고한다. 지구상에서 인간이 견지해온 태도가 더는 타당하지 않을 뿐 아니라 지금껏 영위해온 삶의 양식이 인간 종의 생존 자체를 위협한다는 현실을 부인할 수 없다. 살아남기 위해서라도 생명에 대한 패러다임 전환이 절실하고, 인간이라는 종의 정체성을 새롭게 정립할 시점이다.

팬데믹은 전염병 창궐의 범위가 전 지구적이라는 말인데, 이 사태는 근본적으로 인간이 야생의 자리에 침범해 그곳에 서식하던 바이러스가 사람에게 옮겨와서 발발했다. 또 다른 바이러스의 위협은 예정된 미래일 것이다. 이 시점, 궁극적인 백신은 '생태 백신'이라는 주장이 눈길을 끈다. 야생에 사는 생명체의 자리와 인간이 점유하는 자리 사이에 엄격한 금줄을 치는 것이 생태 백신이다. 마치 아기가 태어나면 삼칠일 간 집 둘레에 금줄을 쳐서 감염으로부터 새 생명을 보호하는 것과 마찬가지로, 생태 백신은 인간과 야생을 동시에 지키는 금줄이다. 그러니 공존의 경계다. 여신 아르테미스는 생태 시대 훨씬 이전에 이미 야생을 범한 악타이온을 통해 준엄한 경고를 했다. 눈으로도 범할 수 없는 철저한 금기의 자리가 지구상에 존재하고, 이 야생의 자리를 여신 아르테미스가 지킨다.

현대인에게 야생은 낯설다. 이만큼 애매함을 불러일으키는 단어도 드물 것이다. 누군가에게 야생은 두려움이나 거부감 자체이고, 다른 누군가에게는 무조건적인 동경의 대상이다. 표준국어대사전에 야생은 "산이나 들에 저절로 나서 자람" 혹은 자기를 낮추어 이르는 말로 "시골 사람"을 뜻한다고 기술되어 있다. 이 또한 양가적이다. 산천에 저절로 존재하는 생명에 왜 비하의 뉘앙스가 들어 있을까? 심리학의 시각으로 보면, 개발, 인공, 도시화, 산업화, 근대화, 기계화에 물든 사람들에게 자연, 본능, 야생은 통제 불가 이자 예측 불가다. 그러니 이런 자리를 타도하려 드는 '개발주의 자'들의 열정은 아르테미스 여신의 잔혹성보다 훨씬 극렬하다. 이 들에게 자연은 미지, 원시, 야만일 따름이고, 그 기저에는 엄청난 두려움이 자리한다. 그야말로 현대라는 문명의 그림자다.

야생의 특질을 야성wilderness이라 부른다면, 문명화된 우리 각자 의 내면에 있는 야성의 현주소는 어떠할까? 순수 자연은 침범은 물 론이고 다가가기조차 어렵다. 안과 밖은 일치하는 게 세상 이치인 지라, 내면의 생태계에서도 이 상황은 마찬가지다. 인간 중심적 사 고로는 난공불락인 자리를 우리는 이상화도 하고 악마화도 하면서 극단적으로 투사한다. 이때 투사한 내용들은 야생의 본질이라기보 다는 마음의 극단을 드러내는 인간의 자기 고백일 따름이다.

현대 문명은 야생의 반대 방향으로 질주하는 것을 발전이라 믿 으며 구축되었다. 그러니 이 편치 않은 마음은 마땅한 결과일 법한 데, 인류가 언제나 이런 태도를 고수했던 것은 아니라는 점도 기억 하자. 한때 가장 찬란한 문명이 꽃피었던 그리스다. 야생에 대한 그 리스인의 이데올로기는 현대인과는 상반된 것이었다. 이들은 이 자리를 인식했고 존중했고 신성시했다. 다면적인 인간 정신의 르 네상스에 야생이 주요한 한 영역이었고, 이 자리가 바로 아르테미 스 여신의 홈그라운드다.

## 순결무구한 영성을 단호히 지키겠노라

여신 아르테미스와 순결은 떼려야 뗄 수가 없다. 관계에 있어서 맹렬한 독립성과 절대 고독을 지향하는 여신인지라 짝과 쌍을 중시하고 서로 간의 끌림의 예술을 살아내는 아프로디테 여신과는 종종 갈등을 빚고 충돌을 한다. 순수, 자유, 독립을 철저히 지켜내는 아르테미스 여신은 함께하는 요정들에게도 순결에 대한 맹세를 지킬 것을 요구한다.

칼리스토는 아르테미스 여신을 숭배하는 님프다. 그녀의 이름은 '가장 아름다운'이라는 뜻이다. 이름 그대로 수려한 아름다움의 소유자인 칼리스토를 뭇 남신들이 탐한다.
어느 날 제우스가 칼리스토의 미모에 반한다. 가까이 다가가면 님프가 달아날 것이기에 아르테미스 여신으로 변장을 하고 접근해 칼리스토를 범한다. 아르테미스가 아니라는 걸 알게 된 칼리스토는 저항하며 달아나지만 이미 임신을 한 상태다. 이 사실이 아르테미스 여신에게 발각된다. 여신은 활로 칼리스토를 쏘아 죽인다. 제우스는 칼리스토를 밤하늘 별자리로 다시 태어나게 한다. 밤하늘의 큰곰자리와 작은곰자리가 칼리스토와 그녀의 아들 아르카스다.

순결은 아르테미스 여신에게 흔들림 없는 원칙이다. 칼리스토처럼 원치 않았지만 속임수와 완력에 당하든, 자발적으로 맹세를 어기고 관계를 맺든, 여신의 처벌에는 정상참작이라는 게 없다. 너무 잔혹하지 않은가? 아폴론과 헤르메스의 사랑을 담뿍 받아 한껏 부풀어 오른 키오네는 아르테미스가 자기처럼 아이를 낳지 못한다고 떠들어대며 여신을 모욕한다. 그러자 아르테미스의 날카로운 화살이 즉시 키오네의 심장을 관통한다. 최고의 사냥꾼 오리온은 사냥을 하다가 욕정에 사로잡혀 여신을 덮치려 한다. 여신은 전갈을 보내 오리온의 발뒤꿈치를 물어 죽게 만든다. 아르테미스를 아내로 삼겠다고 큰소리치며 스틱스강에 맹세를 한 거인 에피알테스와 오토스 형제는 서로를 쏘아 죽이는 운명을 맞도록 한다. 아르테미스의 처벌에 관한 끔찍한 이야기는 차고 넘친다. 그렇다면 이렇게 맹렬하게 반드시 지켜야만 하는 것은 과연 무엇이었을까?

순결에 대한 맹세다. 흔히 순결이라고 하면 남녀의 육체관계를 떠올리지만 이 개념은 그보다 광범위하게 사용된다. 섞이지 않는 순수, 오염 없는 본래 그대로, 사리사욕이나 사념에서의 자유로움. 순결은 육체에 고착된 개념이 아니라 은유적인 표현이다. 이런 순결무구함을 지켜내기 위해 여신은 그 무엇과도 타협하지 않는다. 강한 결기나 올곧음이 여신에게 어울리는 수식이다. 이렇게 본다면 여신의 잔혹함은 과단성 있는 단호함으로 다가올 것이다. 여신이 이토록 지켜내려는 청정한 자연을 떠올려보자. 깊은 산속 옹달샘, 열대 우림의 정글, 툰드라 지역의 처녀림이 떠오른다.

- 이탈리아의 판화가 안토니오 템페스타의 1606년작 〈키오네를 살해한 디아나〉. 디아나는 아르테미스의 로마식 이름이다. 여신은 직접 활시위를 당겨 자신을 모독한 키오네를 살해한다. 메트로폴리탄미술관 소장.

아프로디테의 물이 밀물과 썰물이 일렁이는 바닷물이라면, 아르테미스의 물은 깊은 산속 옹달샘이다. 어릴 적 부르던 동요 중 토끼와 노루가 목마르면 찾아와 물만 먹고 간다는 그 맑디맑은 샘이 아르테미스 여신이 지키는 자리다. 가늠할 수 없는 심층에서 솟구쳐 올라 스스로 창조적인 물꼬를 터 흐르는 물은 야생 짐승뿐 아니라 인간 생명의 원천이다. 샘은 강의 발원지가 되어 바다로 흘러들기도 하고, 실개천을 따라 흐르다가 하늘로 증발되고 땅으로 스며들어 자취를 감추기도 한다. 예전 우리 선조들은 심산유곡에 샘솟는 옹달샘을 귀히 여겼을 뿐만 아니라 신령하게 생각했다. 이런 샘을 물할망이 지킨다고 믿었다. 어릴 때 즐겨 부르던 동요에는 아마도 이런 옛 믿음의 자취가 간직된 듯하다.

우물에서 물을 긷던 시절, 절대 마르는 법 없는 우물과 그 물맛은 공동체의 자긍심이었다. 그 시절 사람들이 잘 짠 참기름이나 질 좋은 와인을 두고 그 향취와 빛깔과 미세한 맛에 대해 까다롭게 평했듯, 물맛에 대한 품평도 매우 까탈스러웠다. 이토록 예민하게 물을 음미하던 미각을 우리는 상실했다. 물 문화가 망각된 자리에서 광천수니 암반수니 빙하 녹은 물에다가 해저 심층수까지 오염되지 않은 물 찾기에 열을 올린다. 청정한 물에 대한 경외심이 사라진 지금, 건강을 위해서라면 어떤 대가도 불사하겠다는 이기적 열정이 마지막 남은 심산과 해저의 물까지 오염시키고 있다. 이런 행위가 지속될 수 없음은 자명하다.

닫힌 마음을 열고 나와 내 가족만을 위한 열정을 확장하여 더 이상의 오염을 막는 것이 미래를 기약하는 유일한 길이다. 청정한 물을 지키기 위해서는 아르테미스 여신 같은 단호한 결기가 요청된다. 토끼가 세수조차 하지 않았다는 노래도 가슴 깊이 새기며 부르고, 맑디맑은 옹달샘을 지키던 존재들도 상상의 세계로 되돌아와야 한다. 인적을 허용치 않는, 오직 자연 자체를 위해 존재하는 야생의 아름다움을 존중하는 감수성의 회복이 무엇보다 절실하다. 상상의 존재들을 기억에서 소환해 야생의 자리를 복원하고, 야생과 인간의 올바른 관계를 배워 나갈 때다.


## 놀랍고도 두려운 생명력을 만나는 자리

여신 아르테미스가 야생의 자리를 지키려 잔혹해지기까지 하는 이유를 조금은 알 것 같다. 순결무구한 자연의 진정한 가치에 대해서 의식의 빛을 밝혀 좀 더 자세히 들여다보자. 문명의 그림자 탐색이다. 먼저 현대 이전의 선조들이 상상한 이런 자리에 대한 묘사를 통해 조상들의 태도부터 살펴보자.

인적이 닿은 적 없는 숲을 처녀림이라 부른다. 엄격한 금줄이 쳐졌던 이런 자리에 대한 인간의 호기심과 상상력은 멈춘 적이 없다. 우리 땅 깊은 산속 오두막에는 신이한 할머니나 산신령이, 햇살도

뚫고 들어올 수 없다는 독일의 검은 숲에는 님프들이 살았다. 북유럽의 툰드라 지역 깊은 삼림은 트롤과 정령들의 집이고, 고대 그리스에서는 목동도 들어서는 게 허용되지 않는 숲과 초지를 아르테미스 여신이 관장한다고 믿었다. 광활한 시베리아 침엽수림에는 천년만년 사는 매부리코 마녀 바바 야가가 사는 집이 있는데, 대낮에도 햇살이 안 들어 어두컴컴한 데다가 멋모르고 발길을 들여놓아 희생된 인골들로 울타리를 만들어 그 주변에 푸르스름한 빛이 났다고 한다. 기후나 지형의 차이만큼이나 야생에 대한 인간의 상상력, 그 자리를 지키는 수호신의 이름과 특색이 제각각이다. 하지만 인간이나 문명의 손길로부터 자유롭게 지켜지는 자리가 존재한다는 강조점은 한결같다.

이 자리로 들어간 예외적 인물들이 있다. 구도자들이다. 순수한 절대 고독의 자리에 제 발로 찾아든 이들이다. 구도자들은 왜 굳이 인간에게 배타적인 이곳으로 들어갔을까? 극단의 위험과 극적인 구원이 공존하는 역설의 자리이기 때문이다. 자연의 놀라운 생명력과 가장 뚜렷이 접촉할 수 있는 자리이기도 하다. 구도자들은 인간이나 사회와의 소통이 아니라 자연과의 대화, 우주와의 교감에 훨씬 가치를 둔다. 이들은 깨어나기 위해서 위험을 무릅쓰고 생명의 그물망이 생생한 야생의 품을 찾아들었다. 공시성과 세계영혼 Anima Mundi에 대한 감각을 벼리기에 야생이 탁월한 곳이라는 것을 구도자들은 잘 알고 있었을 것이다.

나에게도 야생에 대한 경외심이 뇌리에 각인된 순간이 있다. 1980년 5월 18일은 이 땅의 누구도 잊지 못할 아픔의 날이다. 비단 한국뿐 아니라 우주적 비극이었는지, 북미 대륙에서도 대파국이 있었다. 미국의 오리건주와 워싱턴주 경계에 있는 세인트헬렌스산이 폭발한 것이다. 지금껏 북미 대륙에서 일어난 최대 참사라 한다. 화산의 폭발력이 히로시마 원폭의 1500배에 달할 정도였다.

지구 내부로부터 움직임이 시작되자 지진이 발생하고 역사 이래 줄곧 만년설로 뒤덮여 있던 산봉우리가 순식간에 증발해버린다. 내려앉아 녹아내린 빙하는 엄청난 홍수와 산사태를 유발해 하류 지역을 덮친다. 하늘로는 어마어마한 화산쇄설물과 가스가 분출되어 삽시간에 북미 대륙 전체가 한낮에도 밤처럼 컴컴해진다. 화산 폭발 후 능곡지변의 현장에서 조사를 하던 과학자들이 생명의 자취라고는 보이지 않는 잿빛 산을 보고서 마치 외계 행성에 와 있는 듯하다고 표현했다. 100년 내에 이 땅에 생명체란 존재하지 않을 것이라는 예단도 했다.

폭발 후 15년이 지난 1995년 세인트헬렌스산에 갔다. 푸르른 녹음의 장관이 사방으로 파노라마처럼 펼쳐져 있었다. 세상에 갓 태어난 처녀의 숲을 목격한 순간이었다. 나무와 초지 사이사이에 거대한 엘크들이 무리지어 노닐고 사슴과 코요테와 퓨마가 살고 있었다. 이 거대한 짐승들의 서식지가 되었다는 의미는 이곳에 이들 상위 포식자들이 살아갈 정도로 충분한 먹거리가 존재한다는 뜻

• 눈 덮인 세인트헬렌스산의 모습. 가운데 있는
  스피릿 호수는 1980년의 폭발로 화산재가 잔
  뜩 흘러들었으나 이제 다시 푸르른 물빛을 되
  찾았다. 하얀 눈과 구름이 어우러져 신비로운
  분위기를 자아내고 있다.

이다. 과학자들의 예측이 대자연 앞에서 얼마나 무색한지 또 한번 입증된 순간이었다. 137억 살의 자연은, 길게 잡아봤자 600만 살의 인간이 헤아리기에는 너무나도 유구하고 광활할 따름이다.

가공할 만한 폭발의 자리에 생명이 살아 있었다. 땅 밑에 땅다람쥐 같은 설치류들이 살아 땅속 구근을 먹으면서 부지런히 땅을 개간했다. 일반적으로는 풍화를 유실이나 파괴로 간주하지만, 풍화토는 바람과 함께 날아온 씨앗의 덮개가 되어 씨앗이 그 자리에서 움틀 수 있게 도왔다. 내부 폭발과 이어지는 산사태로 광활한 전나무 숲은 완전히 불타버렸지만, 빙하가 녹자 얼음의 무게에 묻혀 있던 은빛 전나무 묘목들이 유연하게 땅을 뚫고 몸을 뻗쳐 올렸다. 해를 향해 힘차게 뻗어 자라 곧 솔방울들을 매달았다. 다산의 상징인 솔방울들은 땅에 필요한 충분한 씨앗을 공급해서 다시 숲이 어우러지게 한 일등공신이다. 풍화토에서 풀들이 자라나자 열매를 따먹으려고 새들이 날아들었다. 새들은 멀리서 먹은 열매의 씨앗들을 배설해 다양성을 지닌 생태계 회복을 가능케 만들었다. 든든하게 나무가 자라자 새들이 둥지를 틀기 시작했다. 나무 아래에는 동물들이 집을 지어 숲의 일원으로 정착했다. 그렇게 죽음의 잿빛 세상이 생명들이 넘쳐나는 숲으로 탈바꿈했다. 단시간에 자연이 일군 생명의 기적이다.

생물, 무생물, 햇볕, 비, 바람, 각종 유기물과 박테리아 등 헤아릴 수 없이 많은 자연의 요소들이 마치 오케스트라처럼 각자의 역할을 해내며 새로운 숲을 만들었다. 이 놀라운 생명의 기적은 인간의 셈법을 훌쩍 뛰어넘는 복잡다단하고 미묘한 것이었다. 그러니 숲을 '살린다' 혹은 '죽인다'라는 식의 단정적인 말은 단견일 따름이다. 그런 말을 내뱉는 대신 자연의 놀라운 힘을 모방하여 배우는 겸허함이 요청된다. 이는 생태 시대 인간이 자연을 대하는 올바른 자세이자 자연의 일부인 인간이 익혀야 할 지혜다.

팬데믹이 지구촌을 뒤덮는 동안, 세인트헬렌스산의 기억을 소환하는 찰나적 경험을 맛보았다. 인간이 자연의 자리에서 퇴각하자 해변의 생태계가 급격히 회복되면서 그 자리를 가득 채운 바다거북 사진이 지구촌 뉴스로 퍼져 나갔다. 대기오염으로 악명 높은 인도의 델리 하늘이 코로나 봉쇄로 맑아지자 히말라야산이 선명하게 보인다는 뉴스도 있었다. 우리도 미세먼지 없는 파란 하늘을 조금이나마 느껴보았다. 오염이 일상화된 인간들에게 본래의 '자연스러운 모습'이 신기루처럼 눈앞을 스쳐간 것이다.

생명의 힘이 얼마나 경이로운지, 야성의 회복력이 얼마만큼 위대한지, 구원의 열쇠가 왜 이 자리에 있는지 목격을 했다. 인공과 오염에서 자유로운 순수 자연, 즉 산속 옹달샘과 신성한 처녀림처럼 손상되지 않은 자연의 영성적 가치를 새롭게 익힐 때다. 아울러 각자 내면의 생태학에도 주목해야 한다. 인간 정신에서 결코 오염되거나 침해받아서는 안 될 야성의 가치를 새로이 발견해낼 때다. 야생의 수호신 아르테미스 여신에게 도움을 구해보자.

## 출산, 문명과 야성의 경계가 무너지는 사건

야생을 가장 생생하게 체험하는 순간이 출산이다. 매우 동물적이고 원시적인 몸 경험이다. 출산을 관장하는 것은 야생의 여신 아르테미스다. 신화에서 여신은 세상에 나오자마자 어머니 레토의 배 속에 있는 쌍둥이 동생 아폴론의 출산을 도왔다고 말한다. 태어나 세상에서 한 첫 행위가 산파인지라 아르테미스는 처음부터 자신에게 산파역이 부여되었다고 믿었다.

레토가 임신한 쌍둥이의 친부가 제우스다. 이 출산은 여신 헤라의 복수를 피할 길이 없다. 헤라는 이들의 탄생을 막으려고 육지든 섬이든 고착된 땅에서의 출산을 금한다. 그 누구의 조력조차 허용치 않았다. 레토는 아흐레 밤낮을 산통에 시달리며 해산 장소를 찾아 헤매다가, 당시 부유하고 있던 섬인 델로스에서 출산을 허락받는다.

델로스섬은 그 자체로 문화유산이다. 섬 전체가 박물관이다. 여러 시대에 걸쳐 건립된 그리스 모든 신들의 신전이 마치 만신전처럼 겹겹이 즐비하게 펼쳐져 있다. 기

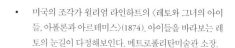

• 미국의 조각가 윌리엄 라인하트의 〈레토와 그녀의 아이들, 아폴론과 아르테미스〉(1874). 아이들을 바라보는 레토의 눈길이 다정해보인다. 메트로폴리탄미술관 소장.

원전 5세기 페르시아의 재침입에 대비하기 위해 에게해 유역의 폴리스들이 그 유명한 델로스동맹을 맺은 곳이 바로 이 섬이다. 동맹에 속한 각 폴리스들은 군장과 군비를 납부해야 했기에 델로스 금고에는 어마어마한 부가 축적되었다. 아폴론은 델로스에서 태어난 뒤 이 섬에 황금빛 찬란한 영광과 부를 약속하는데, 마치 그 약속이 지켜지기라도 한 듯 이곳은 노예 거래를 비롯한 각종 교역의 중심지로 각광받기도 했다. 그 규모는 델로스의 유적만 보더라도 한눈에 알 수 있다.

산토리니와 미코노스를 비롯해 220여 개의 섬들이 모여 있는 키클라데스제도에 위치한 작은 섬, 델로스. 지금은 미코노스에 숙박을 해야 작은 배를 타고 들어갈 수 있는 변방이지만, 한때는 키클라데스제도를 지나는 모든 배들이 들렀을 법한 허브였다. 델로스 섬은 한 시대의 영광과 명멸, 번성과 세월의 무상함이 고스란히 느껴지는 자리다.

레토가 산고를 겪으면서 쌍둥이를 출산한 자리는 지금도 보존되어 있다. 신화에서는 레토가 출산할 때 종려나무를 붙잡고서 산통을 이겨냈다고 하는데, 그 나무는 아니겠지만 지금도 종려나무 한 그루가 자라고 있다. 레토가 해산한 뒤 물을 마시려 했던 호수는 80여 년 전 모기가 극성을 부린다는 이유로 매립되었다. 실제로 이 자리를 보면 강력한 오누이 신이 탄생한 현장치고는 애매하게 다가온다. 그럼에도 섬 전체를 볼 때 인간의 주거가 허용되지 않아서

• 기원전 600년경 키클라데스제도 가운데 하나인 낙소스섬 사람들이 아폴론에게 바친 사자의 테라스. 델로스에 들르는 이라면 반드시 목도하게 되는 이 섬의 명물이다. © Wikimedia Commons: Bernard Gagnon

인지 과거로 존재하는 듯, 시공을 초월하는 느낌이 강하게 인다.

델로스섬이 더 특별하게 각인된 개인적 일화가 있다. 섬의 가장 높은 산에서 내려다보는 키클라데스제도의 바다 풍경은 놀라웠다. 작은 섬들이 올망졸망 특이한 모양새를 드러내고 있는데, 오로지 바다와 하늘만 바라보며 정념에 젖어들었다. 그러다가 퍼뜩 현실 감이 들었는데, 마지막 배를 놓칠 것만 같았다. 서둘러 바위산을 뛰어 내려오다가 거의 평지에 다다를 무렵이다.

왼팔 끝 쪽으로는 태양이 막 바다로 떨어지고 있고, 오른팔 끝 쪽으로는 일찍 모습을 드러낸 보름달이 떠 있었다. 마치 태양의 신 아폴론과 달의 여신 아르테미스가 어느 한쪽으로 조금도 치우치지 않은 듯 해와 달이 지평선과 수평선과 평행하게 같은 크기로 나란히 떠 있었다. 〈일월오봉도日月五峯圖〉의 해와 달처럼 좌와 우의 균형이 팽팽하게 맞아떨어지는 순간, 시소처럼 양팔을 펼쳤다. 감동과 함께 만감이 교차했다. 두 대극적 요소의 완전한 균형은 인간이 도달하고픈 절대 염원이자 음과 양, 여성성과 남성성이 조화를 이루는 세상에 대한 꿈이자 미래였다.

앞서 살펴보았듯 올림포스에서 공인된 산파는 헤라의 딸 에일레이티아이다. 아르테미스도 산파로 숭배되었는데, 출산에서 두 여신이 관장하는 영역은 확연히 다르다. 에일레이티아가 우리에게 익숙한 산파 이미지인 산모의 순산을 돕고 안전하게 아이를 받는 역할을 한다면, 아르테미스는 훨씬 원초적이다. 산모가 위험하면 기꺼이 태아에게 화살을 쏜다. 부인과가 출현하기 이전에 출산은 사망률이 높은 위험을 담보하는 일이었다. 산모와 태아 중 하나를 살려야 할 때, '태아를 살려야지'는 데메테르의 변이고 '산모를 살려야지'는 아르테미스의 변이다. 자연에서 어미가 산고를 치르다가 사망하는 일이 많은 만큼 갓 태어난 새끼가 어미 없이 살 확률이 매우 희박하기에 그런지 모르겠다.

이 외에 출산에서 아르테미스가 개입하는 또 다른 영역이 있다. 여신은 도시와 문명화를 좋아하지 않지만 출산을 위해서만은 기꺼이 도시로 나온다. 출산은 문명과 자연의 경계가 무너지는 사건이다. 문명화된 인간이 야생을 오롯이 체험하는 유일한 순간이기도 하다. 산통을 떠올려보자. 고강도 통증이다. 그리스 비극의 주인공 메데이아의 유명한 말이 있다. "한 아기를 세상에 태어나게 하느니 차라리 수천 번 전투에 참여하겠다." 산통은 문명도, 예의도, 교양도 모두 벗어던지게 만든다. 산모는 동물적 힘에 완전히 사로잡혀 그야말로 야수와의 전투를 벌인다. 새 생명을 향한 열망과 몸의 유린이 공존하는 사투는 태아를 몸 밖으로 밀어내려는 산모의 힘과 산도를 통과해 세상에 나오려는 아기의 힘에 온전히 집중된다.

출산 과정에서 몸의 주도권은 완전히 본능과 야생으로 넘어간다. 이 과정에서 어머니가 될 여인에게 일생 경험한 적 없는 몸 체험이 일어난다. 의식적으로 태아를 밀어내기 위해 안간힘을 짜내

다가 어느 순간 의지와 무관하게 근육이 저절로 움직이는 동물적 움직임에 몸이 조응하기 시작한다. 오감으로 하는 인식perception을 넘어서 몸이 때를 알아 저절로 이완하고 수축하는데, 이 분야는 현재 심리학의 최첨단 연구 영역이다. 학자들은 저마다 각기 '근본적인 앎' '여섯 번째 지각' '고유 수용성 감각proprioception' 등의 용어를 써가며 이 현상을 설명하려 시도하고 있다.

안간힘을 쓰다가 마치 파충류의 움직임처럼 저절로 몸이 움직이는 생명 현상을 거쳐 마침내 태아가 산도를 통과할 때면, 산모의 배 속에서 야만의 소리가 터진다. 태고의 울음이다. 아이 낳은 여인들은 산통과의 끔찍한 사투에 대한 이야기를 자신만의 영웅담인 양 새김질하듯 하고 또 한다. 고통은 과장이 아니고 무용담은 장엄하다. 그런데 산통을 겪을 때 몸에서 일어나는 놀랍고 특별한 체험에 대한 표현은 아직 부족하다. 이를 표현할 언어가 미흡하거나 이 경험에 대한 의식이 부재하기 때문이 아닐까 짐작해본다.

우리와 달리 고대 그리스인들은 출산 경험에 대한 묘사가 훨씬 상세하다. 이들은 출산에서 경험하는 다양한 힘들을 세분화해 각각 이름을 붙였다. 그리스 세계관에서는 인간사에서 벌어지는 각 사건마다 한 신이 주도하는 것이 일반적이다. 하지만 출산만큼은 여러 신들이 함께 개입한다. 산통이 시작되면 야성의 여신 아르테미스가 그 자리에 임한다. 산모의 생명이 위험하다면 여신은 기꺼이 활시위를 당길 것이다. 피범벅과 생명, 산고와 경축, 눈물과 환희가 공존하는 강렬한 감정들은 원시 제전에서도 경험하는 것인 바, 이는 단연 디오니소스의 영역이다. 태아가 자궁에서 세상으로 머리를 밀고 나오는 분출력은 그 무엇보다 강력한 생명의 힘인데, 그런 힘을 내뿜으며 마침내 아이가 산도를 통과할 때 산모에게서 전혀 다른 곳에서 오는 듯한 고대의 울음, 야만의 소리가 터져 나온다. 아르테미스의 현존을 고지하는 순간이다. 태아가 '응애' 하는 일성과 함께 세상에 나오면, 제우스는 즉시 아기를 높이 안아 올려 우주에 새 생명이 탄생했음을 천명한다. 산모의 품에 건네진 태아가 젖꼭지를 물고 빨기 시작하는 순간, 데메테르 여신은 온몸에 모성을 일깨운다.

산통의 시간을 '끔찍하게 아프다'라고 뭉뚱그려 겁을 주는 대신 이렇게 신령한 힘들을 한꺼번에 경험하는 특별한 순간이라 말한다면, 산모가 갖는 두려움의 성질은 달라질 것이다. 영광스러운 고통, 신성한 아픔이기에 기꺼이 감내할 자긍심이 생기고, 이 경험을 아이 가진 여인만의 특권으로 여길 것이다. 호기심을 품고 그 놀라운 순간을 고대할 법도 하다.

고대 그리스의 여인들은 산통을 완화해달라고 아르테미스 여신에게 간구했다. 여신은 어린 시절 아버지 제우스의 무릎에 앉아 열 가지 소원을 청했는데, 그 중 하나가 산통을 겪는 여성들을 돕는 능력을 달라는 것이었다. 그런데 아르테미스는 소녀기부터 일생 동안 여인들이 섬기는 여신이건만, 모성과는 거리가 먼 처녀신이다. 그녀는 야생의 여신답게 본질적으로 여성의 동물성이 발현될 때, 즉 출산할 때 개입하여 산모들이 교양과 우아함을 버리고 강렬한 자연에 순응하여 본능을 따르도록 인도한다.

육아는 초기일수록 교육보다는 건강한 본능을 필요로 한다. 여성은 전문가의 말에 의존하지 않더라도 내 새끼가 필요로 하는 것을 몸으로 그냥 안다. 여인의 몸은 여섯 번째 감각이 살아 있는 지성체라는 사실을 기억할 일이다. 배고프다고 울면 젖이 저절로 돈다. 기저귀 젖었다는 울음과 몸이 아프다는 울음을, 또 거짓으로 하는 응석 울음을 구별해낸다. 아기의 필요도, 기분도 몸으로 감지해 소통한다. 여성은 출산이라는 통과의례를 거친 뒤 어린 생명을 양육하면서 본능의 지혜를 체득해 나간다. '내 새끼한테 뭐가 필요한지는 어미인 내가 제일 잘 안다'라는 당당함은 어머니의 건강한 본능을 과시하는 표현이다. 이러한 모성의 주요한 토대가 바로 건강한 야성이다.


## 소녀기는 야성의 산실이어야 한다


『오디세이아』에는 강가에서 소녀들이 빨래하는 장면에 대한 긴 묘사가 나온다. 너른 풀밭에 노새를 풀어 토끼풀을 뜯어먹게 두고, 소녀들은 빨래를 말리는 동안 더없이 아름다운 강물에서 목욕을 한다. 햇살과 바람을 한껏 맞으며 온몸에 올리브기름을 바른다. 배불리 먹고 공놀이도 하고 누군가 선창을 하면 노래가 이어지는데, 낙원의 풍경을 묘사하는 듯하다. 소녀들이 깔깔대며 노는 이 모습을 호메로스는 아르테미스 여신과 그 벗들이 노니는 이미지에 비유한다.

활의 여신 아르테미스가 산과 들을 쏘다니며 멧돼지, 날랜 사슴의 사냥을 즐긴다. 아이기스(염소 가죽으로 만든 방패)를 가진 제우스의 딸들이 들에 사는 요정들과 노는데, 아르테미스는 그들 모두보다 머리만큼 커서 쉽게 알아볼 수 있다. 이 모습을 본 레토는 마음속으로 기뻐한다. (……) 그들 모두 다 아름다웠다.

소녀기는 인생의 봄날이다. 생명의 기운이 싱그럽고, 순수가 뿜는 찬연함은 보는 이들을 달뜨게 만든다. 여신 아르테미스의 어린 시절에 관한 신화는 별로 없지만, 앞서 언급했듯이 아버지 제우스의 무릎에 앉아 자기가 원하는 바 열 가지를 '요청'하는 장면이 전해진다. 이 대목에서 여신의 특질이 선명하게 드러난다. 어린 여신은 아버지에게 아홉 살 소녀들을 벗으로 달라고 청한다. 오케아노스의 딸 60명을 원하는데, 모두 아홉 살이어야 한다고 했다. 그리스에서는 이 시기를 파르테니아parthenia라 칭했다. 이 단어는 처녀라는 뜻이 있지만 온전한 여아의 삶이라는 뜻도 있다.

• 페테르 파울 루벤스가 1637년경 그린 〈디아
나와 님프들의 사냥〉. 창을 들고 여러 동물
들을 쫓아가는 이들의 모습이 생동감 넘치
면서 사랑스럽다. © Wikimedia Commons: Jean-Pol
GRANDMONT

온전한 여아의 이미지는 시대마다 다를 수밖에 없겠지만, 원형적 이미지에서 현재의 풍경을 반추해보는 것은 중요하리라. 고대 그리스의 소녀들은 모두 아르테미스를 섬겼다. 아테네에서는 이들을 아르크토이라 불렀는데, 암곰 새끼라는 뜻이다. 곰은 커다란 몸집에 비해 대단히 민첩하고 팔다리 힘이 세다. 청각과 후각도 예민하게 발달했다. 털이 빼곡하게 달린 동그스름한 몸매는 사랑스럽지만 만만하게 봤다가는 큰일 난다. 곰은 대부분의 시간을 혼자 생활하는 독립적 동물이며, 야성이 강해 길들인다는 것은 상상하기조차 어렵다. 특히 암곰이 그러한데, 서커스에서도 수곰은 만날 수 있지만 암곰은 보기 어렵다고 한다. 세상에서 가장 사나운 짐승은 임신한 곰과 새끼를 돌보는 암곰이라 알려져 있다.

어린 아르테미스가 아버지 무릎 위에 앉아 사랑스럽게 요구하는 것들은 예쁜 드레스나 보석 같이 판에 박힌 것과는 거리가 멀다. 그 대신 마음껏 뛰는데 지장 없는 짧은 치마, 언제까지나 처녀로 사는 것에 대한 보장, 자기가 쉬는 동안 사냥개를 돌볼 수 있는 님프들, 고통받는 여성들을 돕는 힘, 산천을 지배할 수 있는 권한, 무엇이든 죽일 수 있는 힘과 권리 등을 요구한다. 그야말로 야성을 숨기려야 숨길 수 없는 독립적이고 사랑스러운 능소니의 모습이다.

아르테미스를 숭배하는 소녀들에게 가장 중요한 것은 '자유'다. 이들은 온몸으로 자유를 표현하고 만끽한다. 산에 오를 자유, 강물에서 헤엄칠 자유, 말 타고 질주할 자유, 사냥할 자유, 마음껏 달릴 자유, 벗들과 뛰어다니며 놀 자유……. 그야말로 곰 새끼들 같다. 여신은 짐승에게조차 코뚜레를 채우거나 목줄 매는 걸 싫어했는데, 여자아이에게든 짐승에게든 그 어떤 통제나 제약을 하지 않고 자유롭게 야생을 누리며 즐기는 시공간을 제공한다.

고대 그리스에서는 아홉 살부터 열네 살까지의 여아뿐 아니라 남아도 아르테미스 여신이 돌보았다. 이 시기는 엄마의 치마폭에서 떨어지는 때부터 성숙한 여인으로의 통과의례를 거치기 전까지이다. 아이들은 아르테미스의 관할 아래에서 어머니로부터 벗어날 자유, 그리고 어른의 질서를 요구받지 않을 자유를 마음껏 누렸다.

그리스 아티카 반도의 소도시 브라우론(지금의 브라브로나)은 아르테미스 신전이 있는 여신의 성지로 알려져 있는데, 고대에는 이 시기 소녀들을 위한 축제가 열렸다. 이때 아테네 아크로폴리스에 있는 아르테미스 성소에서부터 브라우론까지 행진을 했다. 축제에 참여한 여자아이들은 산이나 들에서 뛰노는 곰 같은 몸짓, 춤, 놀이, 거친 울부짖음을 선보인다. 곰 가죽을 뒤집어쓴 채 뛰어다니기도 했다고 기록은 전한다. 아이들은 축제의 장에서 반문명적인 소리와 몸짓으로 야성을 끌어내고 발산한다.

"좋은 남자 만나 혼인하는 게 여자의 최고 행복이다. 그러니 조신하게 행동하고 '신부 수업'이나 해라." "여자와 그릇은 내돌리면 깨진다." "여자가 너무 똑똑하면 팔자가 세다." 지금의 가정이나 사회에서 이 시기 소녀들에게 독을 주입하는, 그렇지만 낯설지만은 않은 표현들이다. 반면에 그리스에서는 성숙한 여인의 시기로 진입하기 전에 야성의 몸과 힘을 충분히 이해하는 소녀기를 보장받았다.

여자아이들에게는 함께 모험을 하고 우스꽝스러운 짓을 하고 호신술을 배우고 온전히 자기 자신인 시기를 거쳐 사랑과 성이 개입되는 성인기로 진입하는 단계적 성장이 필요하다. 건강한 강인함과 자유로운 독립을 중시하는 여신 아르테미스는 이 시기 소녀들을 보호하고 이끌어준다. 그렇다면 자기 안의 야성을 직면하고 펼쳐내고 다뤄내지 못한 채 성인이 되어버린 여성의 삶은 어떠할까? 매우 권태로울 것이다. 과하게 남의 이목에 신경 쓰거나 쉽게 조정당한다. 광고나 선전의 희생양이 되고, 삶의 핸들을 남의 손에 헌납한 채 살기 쉽다. 의존과 불안이 이런 여인들의 공통된 표징이다. 이들에게는 빈번히 탐욕, 과시, 시기, 선망, 중독이 나타난다. 이들의 내면은 건강한 힘이 아닌 공허와 무력감이 지배하기 때문이다.

그렇다고 이 시기를 사내아이처럼 사는 시기라 생각하면 엄청난 착각이다. 야성은 여성성의 주요한 측면이다. 주류 문화도, 이데올로기도, 사랑이라는 이름으로 가해지는 일상의 조련도 결코 훼손할 수 없는 강하고 두렵고 아름다운 생명 본연의 힘이다. 우리 사회에서 '여자는'으로 시작되는 말들은 '길들임'과 '순화', 그래서 마음대로 조종하기 위한 재갈인 경우가 대부분이다. 나도 모르게 상처받고 죽어간 야성은 내면에서 어떤 신음 소리를 내고 있을까?

- 아티카 반도의 소도시 브라우론은 아르테미스
  의 성지로 여신의 신전이 남아 있다. 이곳에서
  는 소녀들이 성숙한 여인의 시기로 진입하기
  전에 야성의 몸과 힘을 한껏 발산할 수 있는 축
  제가 열렸다.

올가미에 걸리고 우리에 갇힌 야생의 그림자는 어떠할까? 뼈를 깎는 성찰이 필요한 때다. 아울러 이 고도로 도시화·문명화된 시대에 암곰 새끼들을 위한 아르테미스 여신으로의 통과의례를 어떻게 존중할 수 있을지, 상상력이 절실히 필요한 때다.

## 자발적 희생도 마다 않는 타협 불가의 순수

지구상에 종교가 태동한 이래로 인간은 신에게 최상의 것을 바치고자 하는 열망을 품어왔다. 그 특별한 형태가 인신공양이다. '자발적 희생'이란 인간이 행할 수 있는 최상의 가치이며, 특히 자신을 제물로 바치는 것보다 더한 희생은 없을 것이다. 역사가 점차 개인의 권리를 존중하는 방향으로 진화함에 따라 이 형태의 섬김은 잔인하고 야만적인 범죄로 간주된다. 하지만 여전히 자발적 희생은 수많은 종교의 중심 가치이고, 현재는 실제로 행하는 대신 상징적으로 행할 따름이다. 앞서 아르테미스의 특질로 순결무구함을 언급했다. 이를 지키려면 추상같은 결기가 반드시 필요하다. 인신공양에 내포된 기질적 특성은 아르테미스 여신의 순수에 대한 열정과 상통한다.

아르테미스와 관련된, 그리스에서 가장 유명한 인신공양으로 이피게네이아의 희생을 들 수 있다. 이피게네이아는 미케네의 공주다. 자신을 희생해 트로이전쟁에 박차를 가한, 역사의 물꼬를 튼 여인이다. 공주의 아버지는 그리스의 여러 왕들을 강압과 설득으로 몰아붙여 트로이 침공을 감행하는 호전적인 왕 아가멤논이다. 어머니는 전쟁을 위해 딸을 제물로 바친 남편에게 원한을 품고 결국 남편을 살해한 클리타임네스트라다. 이 집안에서 발발한 꼬리에 꼬리를 무는 살인들을 탄탈로스의 저주라 부르는데, 이 드라마의 주역 중 하나가 바로 이피게네이아다(이 저주는 아테나를 다루면서 거론했던 오레스테스의 재판으로 이어진다). 신화는 이피게네이아의 선택을 아르테미스 여신이 내린 벌이라 묘사하는데, 실은 오래전부터 이어져 내려온 연쇄 악연들이 가져온 결과다. 직접적으로 아르테미스 여신의 벌이라고 말한다면, 아가멤논이 여신을 모욕한 불경죄를 범한 데 대한 벌이다.

그리스 동맹의 총지휘자 아가멤논은 트로이 침공을 위해 120척의 함선을 항구에 집결시킨다. 그러나 트로이를 향한 진격나팔을 불 수가 없다. 바다에 바람 한 점 일지 않아 배들이 미동도 하지 않기 때문이다. 신탁을 통해 예전에 아가멤논이 아르테미스 여신의 사슴을 쏘아 죽인 뒤 자신이 여신보다 뛰어난 사냥꾼이라 우쭐거린 일로 여신이 진노해서 바람을 멈추게 했다는 사실을 알게 된다. 그러면서 여신의 화를 누그러뜨리려면 처녀 이피게네이아를 희생제물로 바쳐야 한다는 것이다. 이 잔혹한 운명의 순간, 그 유명한 이피게네이아의 변이다.

어머니, 이제 제가 도달한 결론을 말씀드릴게요. 기꺼이 죽기로 마음먹었어요. 저는 영광스럽게 죽음을 맞고 싶고, 나약하거나 부정적인 생각은 모두 떨쳐버리고 싶어요. 어머니, 제 눈을 보세요. 제가 얼마나 의로운지 아실 거예요. 모든 그리스인과 그리스의 강성이 저에게 달렸어요. 함선들이 항해를 할지, 트로이가 멸망할지, 전부 제게 달렸어요. 만일에라도 야만인들이 침공한다면 그리스의 여인들과 미래를 지키는 사람은 바로 제가 될 거예요. (……) 저 때문에 그리스가 해방될 것이고, 제 이름은 해방된 그리스에서 은총이 될 거예요. 목숨에 너무 연연하지 않아야 해요.

그리스의 수호와 그리스인의 영광을 위해 자신을 바치고자 하는 이피게네이아의 단호한 결기가 보인다. 애국이든, 순교든, 이념 투쟁이든 인간사에서는 이러한 희생들이 줄곧 이어져왔다. 이런 희생에는 한결같은 요소가 있다. 집단의 가치 회복이 자기 목숨의 희생보다 훨씬 중요한 의미를 지닌다는 점이다. 이처럼 이상의 이름으로 자신의 목숨을 바치는 희생은 아르테미스의 영웅들에게서 보이는 특질이다. 로마 시대에 사자 밥이 되었던 기독교 순교자들을 비롯해 자국의 독립을 쟁취하기 위해 싸워온 독립운동가들, 최근까지 이 땅에서 민주화 운동을 벌인 이들 모두 대의를 위해 자기 목숨을 바쳤다. 이들의 정신에 깃든 일관된 특질은 그 무엇도 개입하거나 오염시킬 수 없는 타협 불가의 순수다. 이런 절대 순수가 바로 아르테미스의 특질이다.

그런데 여기서 하나 짚고 넘어가자. 자발적 희생이 워낙 강력한 원형이다 보니 '왜곡된 자발적 희생' 또한 엄청난 힘을 발한다는 사실이다. '성전聖戰'이라 표현하는 이슬람의 자살 폭탄 테러, 일본의 가미가제, 가부장 가치를 지키기 위해 여성에게 희생을 강요하는 일 등 동서고금을 막론해 희생이 종교적·정치적·이념적으로 조작되고 악용된 사례들이 허다하다. 자발적 희생이라는 숭고한 가치가 왜곡되는 이런 자리에는 늘 엄청난 파괴가 수반된다.

희생이 본래의 가치대로 고귀하려면 전제되어야 할 것들이 있다. 먼저 '승자의 희생'이어야 한다. '최상'과 '최고'를 신께 바치는 것이라 고대에는 가장 수려하고 힘이나 기량이 뛰어난 이를 선발해서 '희생양scapegoat'의 자격을 부여했다. 그리고 집단은 희생양으로 선정된 이에게 최고의 영예와 존중을 표했다. 현시대, 마치 희생양을 왕따처럼 이해하는 것은 본래의 신성함이 상실되고 변질되어서 벌어지는 일이다. 아울러 희생은 '자발적'일 때만 가치를 지닌다. 절대 순수의 영역인지라, 조종을 당하거나 타협의 산물이거나 재갈을 물거나 의식적 판단 능력이 결여된 상태의 선택이라면 그 희생은 이미 오염된 것이다. 이런 선택은 희생이 아니라 개죽음이다.

자발적 희생은 그 결과가 소중한 가치를 지켜내거나 의식의 해방으로 이어지거나 공동체의 질서를 회복할 때만 본래의 의미를

● 프랑스의 화가 샤를 앙드레 반 루가 1755년
경 그린 〈이피게네이아의 희생〉. 자발적 희생
을 한 이피게네이아는 이미 스러져 있고, 그
위에서 달의 여신 아르테미스가 이 모습을 지
켜보고 있다. 메트로폴리탄미술관 소장.

지닌다. 이와 무관하다면 희생의 가치는 무색해진다. 최상이라 믿는 바를 타협 불가의 순수한 마음으로 기꺼이 지키려는 숭고한 욕구가 희생이다. 이피게네이아에게서 드러나듯 사사로움이나 두려움은 개입될 여지가 없다. 이런 순수는 장엄하다. 바로 이 원시적이고 청정한 마음자리를 처녀신 아르테미스가 그토록 독립적이고 맹렬하게 지켜내려 한다.


## 아르테미스와 아프로디테는 공존할 수 있을까


'지금 치열하게 갈등을 빚고 있는 이 일을 통해 내가 스스로를 훨씬 넘어서는 원형적 드라마를 살아내고 있구나!' 이런 각성의 순간이 있다. 히폴리투스의 비극이 바로 그런 드라마다. 아르테미스를 존중하면서 동시에 아프로디테를 섬길 순 없다. 상호 배타적인 여신들이기 때문이다. 히폴리투스의 비극은 이 두 여신 간의 전투로 벌어진 일이다.

아프로디테는 세련된 문명화를 지향한다. 반면 아르테미스는 원시 자연을 수호한다. 아프로디테 영성이 서로의 끌림을 통한 화합이나 하나 됨을 상징한다면, 아르테미스 영성은 인간관계를 멀리하는 야성의 자리를 상징한다. 전자가 관계를 중시하는 반면 후자는 고독을 존중한다. 이 둘은 인간 정신에서 대단히 다른 두 에너지를 의인화한 것이다. 자연히 각 여신은 전혀 다른 종류의 자기실현을 꾀한다. 그런데 만일 심리학적 다신관을 존중하는 누군가가 두 영성을 모두 살아내고 싶다면 어떻게 해야 할까? 이게 가능하기는 할까?

아르테미스 영성의 핵심은 금욕이다. 우선 오해의 소지가 있는 지점부터 짚고 넘어가자. 이는 성에 대한 거부나 두려움의 소치가 아니라는 점이다. 정결은 삶의 한 방식이고, 기꺼이 택한 일이고, 진정한 희생이다. 만일 이 선택을 성에 대한 거부로 이해한다면 금욕이나 정결은 부패할 수밖에 없다. 아르테미스에게 순결이 중심 가치이듯, 아프로디테에게는 성이 중심 가치이다. 아프로디테는 성을 자기실현의 방편으로 간주하고 신성시한다.

바로 여기에 우리의 어려움이 있다. 아프로디테냐, 아르테미스냐? 두 원형적 가치 중 하나를 배타적으로 택할 때 문제가 뒤따른다는 점은 이제 익숙하다. 배척된 신이 노하고 그 신의 벌을 피할 수 없기 때문이다. 만일 금욕을 중시하는 종교에서 '정결 없이는 영성도 없다'라고 주장한다면, 이 목소리는 불완전하다. 역으로 '완전한 성적 결합 없이 영성은 가능하지 않다'라는 목소리만 존재해도 마찬가지다. 아프로디테의 열정만 중시하면 아르테미스가 불쾌해하고, 아르테미스의 금욕만 강조하면 아프로디테가 불쾌해한다. 이 상호 모순되는 두 에너지의 공존은 개인뿐만 아니라 집단에서도 오랜 세월 갈등의 뿌리가 되어왔고, 여전히 난제다.

이 두 여신 사이의 갈등을 노골적으로 드러내는 신화 주인공이 히폴리투스다.

테세우스의 아들 히폴리투스는 열렬한 아르테미스의 숭배자답게 사냥을 좋아하고 평생 동정을 지키겠다는 맹세를 한다. 히폴리투스는 아프로디테를 경멸한다. 미루어 짐작할 수 있듯이, 진노한 아프로디테가 히폴리투스의 교만을 벌한다. 아들 에로스를 불러서 히폴리투스의 의붓어머니 파이드라의 심장에 에로스의 화살을 쏘게 한다. 파이드라의 심장에 꽂힌 화살은 의붓아들 히폴리투스를 향해 불탄다. 파이드라가 구애를 하지만 히폴리투스가 단칼에 거절하자 그녀는 자살을 택한다. 주검 옆에는 그녀의 거짓 유서가 놓여 있다. 히폴리투스가 자신을 추행해서 목숨을 끊는다는 내용이다. 이 유서를 읽은 테세우스는 아들 히폴리투스를 추방하고 포세이돈에게 부탁해서 아들을 죽음으로 내몬다.

이 신화는 영화로도 제작되어서 우리에게 친숙한데, 멜리나 메르쿠리의 이미지가 영화를 본 사람들에게 강렬하게 각인되어 있다. 이는 인간의 문제라기보다는 두 여신 사이의 갈등이 기저에 있는, 시공을 초월해 거듭 되풀이되는 원형적 드라마다. 심리학적 다신관의 시각으로 볼 때 히폴리투스 같은 편향성은 결코 용인되지 않는다. 각자의 내면에 두 원형 모두를 위한 자리가 필요하다는 것

- 18세기에 독일에서 제작된 작자 미상의 작
품. 히폴리투스는 오른손을 내밀어 의붓어머
니 파이드라에게 거절의 의사를 표하는 반면,
남편 옆에 앉은 파이드라는 의붓아들에게 왼
손을 내밀어 구애를 표하고 있다. © Wikimedia
Commons: CFCF

이 원형심리학의 기본이다. 그런데 역사를 돌아보면, 인류도 이 모순된 대극의 에너지를 지혜롭게 다룰 만큼 성숙하지 못했다는 점이 확연하다. 역사는 시계추처럼 한 극에서 다른 극을 오갔다. 방탕에서 금욕으로, 금욕에서 방탕으로 왔다 갔다 했다.

고전 그리스에 이어 헬레니즘 후기와 로마 시대는 아프로디테와 아레스 숭배가 압도적이었다. 로마의 황제 칼리굴라는 아르테미스의 처녀림을 파괴해서 배를 건조했고, 칼리굴라의 외조카 네로 황제는 기독교인을 학살하여 여신에 대한 복수를 자행했다. 뒤따르는 기독교 시대에는 아르테미스에 대한 숭배가 부각되고 엄격한 금욕을 중시한다. 이는 아프로디테에 대한 반발이었다. 히폴리투스는 이런 역사의 희생물이다.

아이러니 같지만 그리스 영웅 중에서 유일하게 기독교가 성인으로 만든 인물이 히폴리투스다. 그리스인의 관점으로 보면 히폴리투스의 지나친 엄격함은 조소거리지만, 기독교인의 관점으로 보면 그는 존경의 대상이다. 쇠락하는 로마에 대한 반대급부로 기독교는 엄격한 도덕적 가치를 숭상하는데, 아프로디테에 대한 거절은 또 다른 불균형을 초래하게 된다. 처녀 숭배나 정결 강조가 중세 후기까지 이어지는데, 그 뒤 르네상스가 도래하자 감각의 재발견이 이루어진다. 성모 마리아 영성이 비너스의 탄생, 즉 아프로디테의 귀환으로 전환되는 것이다. 이처럼 한쪽으로 쏠렸다가 반대쪽으로 움직이는 일이 인간사에서 되풀이되고 있다.

그렇다면 지금 우리의 현주소는 어떠할까? 여전히 히폴리투스와 네로 사이에서 길을 잃고 헤매고 있는 게 아닐까? 아르테미스와 아프로디테라는 두 대극적 여신 사이의 긴장감을 존중하면서 그 가운데서 균형을 찾는다는 것은 어떤 의미일까? 영원한 난제로 남겨두지 않기 위해서라도 우리는 이 답을 찾아야 한다. 두 원형 모두를 위한 내면의 자리를 마련하기 위해, 이들을 동시에 담아내는 것은 피하되 시기별로 두 에너지가 교호하게 해볼 수는 있을 것이다.

히폴리투스가 죽음을 맞는 순간, 아르테미스는 그를 구출한다. 이탈리아에 있는 신성한 숲으로 데려갔다고 전설은 전한다. 히폴리투스는 숲속에 아르테미스 신전을 짓고 은자가 되어 야생에서 고독한 삶을 살아간다. 침입자를 경계하여 세상 누구도 자기 자리에 들이지 않았다고 한다.


## 우리에게는 고독의 자리와 시간이 필요하다

고독은 아르테미스 영성의 핵심 가치다. 많은 수도자들이 이러한 가치를 추구한다. 자연 가운데서 홀로 침묵하며 명상하는 것은 번뇌를 없애기 위해서이다. 그런데 은둔이나 수도 생활까지 하지 않더라도, 고독은 개인의 정신 건강에 대단히 중요하다. 외부의 자극이나 연결된 회로가 많은 현대인에게 고독의 자리와 시간은 특히 취약한 지점이다.

코로나 사태로 인한 의무적 은둔 탓인지 내면으로 눈을 돌리고자 하는 열망이 어느 때보다 커졌다고 한다. 타인 앞에 서기 전, 자기 앞에 서는 것이 선행되어야 한다. 이는 집단의 건강한 역동을 위해서도 중요한데, 고독의 시간이 자신을 집단의 가치와 동일시하지 않을 자유를 선사하기 때문이다. 고독을 삶의 일부로 할애하는 이들이 집단을 이룰 때 더욱 건강한 공동체가 형성된다.

정보가 넘쳐나는 시대다. SNS로 대변되는 정보의 숲은 고독과 자기 성찰에는 독이다. 타인의 가치가 자신의 사고를 지배하고 조작할 위험에 어느 때보다 과하게 노출된 시대다. 아르테미스는 재갈을 물리거나 목줄을 매는 것을 허용하지 않으니 아르테미스 숭배자들은 결코 노예가 되는 법이 없다. 가짜 뉴스든 집단의 이데올로기든, 누군가의 해석이나 조작에 길들여진다면 이는 곧 누군가의 정신적 노예 상태인 것이다.

고독이란 지켜내야만 하는 내면의 공간이다. 이를 위해서 이런 말들을 할 수 있어야 한다. "지금은 아니야." "방해하지 마." "나를 위한 시간이 필요해." 관계에는 가속뿐 아니라 제동도 필요하다. 친구든 가족이든 관계와 접촉에 에워싸여 사는 사람들은 혼자만의 시간을 갈구한다. 이 시간이 필요할 때, 침범을 허용치 않는 아르테미스의 이미지를 기억할 일이다. 경계를 정하고 자기만의 자리를 지키지 못한다면 아르테미스를 이해하지 못한다. 사람이라면 누구나 깊은 만남을 갈구한다. 그런데 진실한 만남은 고독의 순간에도 적용된다. 고독은 자기 자신의 세계로 들어가는 길이기 때문이다. 안으로 깊어지기 전에 타인과의 깊은 만남이 가능할지는 의문이다.


## 길들임에 저항하며 나로 산다는 것


야성이 얼마나 두렵고도 찬연한지, 그러면서도 내면의 생태계에 얼마나 절대적인 자리를 차지하는지 새삼 확인하게 된다. 문명화와 집단화에 길들어 영혼의 길을 잃은 사람들을 너무 자주 만난다. 거절을 배우지 못해 브레이크 없이 관계를 맺느라 일생 고통받는 여성, 사회적·집단적 가치를 열심히 추종하느라 깊은 우울로 떨어진 여성, 내면의 소리를 망각해 진정으로 원하는 것이 무엇인지 몰라 헤매는 여성도 만난다. 이들의 눈에 비치는 깊은 공허를 마주할 때마다 처절하게 서럽다.

엄격한 엘리트 교육을 받고 자란 지인의 말이 잊히지 않는다. 그녀는 철이 들면서부터 수시로 어떤 이미지가 떠올랐다고 한다. 야생 짐승이 그물에 걸린 채 자기 다리를 마구 물어뜯는 장면이다. 자연의 일부인 인간이 자연에서 멀어져 야생의 뿌리와 차단되면 어떻게 되는지 이보다 더 적나라하게 보여주는 이미지가 있을지 모르겠다. 무의식은 '너의 현주소가 이래'라며 거듭 악몽을 꾸게 했나 보다.

길들임은 야생의 천적이다. 야생은 미지이고 두려움이다. 그렇지만 야생이 파괴된 삶은 끔찍하게 공허하고 기형적이다. 헤라가 이전까지의 삶에서 완전히 길을 잃은 순간 돌아가는 철저한 고독의 자리처럼, 이 미지는 역설적으로 모든 죽어가는 것을 되살리는 놀라운 힘을 지니고 있다. 세인트헬렌스산 같은 생명의 기적이 가능한 자리다.

나는 방임에 가까운 성장기를 거쳤다. 다행히 아르테미스 여신을 떠난 적이 없다. 아버지는 아이들에게 시골에서의 경험과 정서가 필요하다며 다섯 살이 되면 우리 자매들을 무조건 시골 할머니 댁에 보내 1년씩 살게 하셨다. 마을 아이들과 소를 데리고 산 위 초지로 가서 쇠꼴을 먹이고 집으로 돌아올 때면 산 위에서 자그마한 마을이 한눈에 들어온다. 집집마다 저녁밥 짓는 연기가 뽀얗게 올라오고, 정겨운 지붕들이 조그맣게 옹기종기 보여서 마을이 마치 소인국 같았다. 나에게 천국을 그리라면 바로 이 풍경일 것이다. 아마도 영원한 내 마음의 고향일 것이다. 신화와 꿈을 공부할 상상의 마음 밭도 바로 이곳에서 길러졌으리라. 사춘기 시절은 그야말로 암곰 새끼였다. 산악반에 들어가 전국의 산천 곳곳을 돌아다녔다. 이 시절 꿈은 에베레스트산을 등반하는 것이었다. 야성과 자연에 대한 감성을 결코 잊지 않을 정도로 세포와 뇌리에 가득 새긴 시기가 있었기에 이만큼이나마 '길들임'에 저항하며 나라는 존재로 살아가는 것이리라.

이제 능소니 시기에 마침표를 찍자. 소녀기에 살아낼 삶을 충분히 살았으니, 다음 단계의 탐색을 시작하자. 자연이 아닌 문명, 고독이 아닌 관계의 예술로 화두를 전환해보자. 미와 성의 여신, 뭇 예술가들의 영원한 뮤즈 아프로디테 여신에게로의 통과의례가 필요한 때이다.

# 아프로디테
## Aphrodite

아름다움,
사람을 매료시키는 힘에 대하여

그리스에서 코스모스<sup>cosmos</sup>(우주)는 질서와 아름다움의 영역이다. 본질적으로 심미적 개념인 것이다. 산도, 들도, 햇살도, 들풀도, 강물도, 바다도, 하늘도 제자리에 질서 정연하게 배치되어 각기 저마다의 아름다움을 뽐낸다. 세상은 눈부시게 찬란하다. 뭇 생명들이 감출 수 없는 내면의 아름다움을 발산하기에 인간의 내면도 이 찬연한 아름다움에 영감과 감동을 받으면서 이를 열망한다. 이것이 여신 아프로디테의 선물이다. 아프로디테의 명징함과 찬연함을 인간의 언어로는 '아름다움'이라 표현했나 보다. 우리말 '알다'와 '답다'가 결합한 '아름답다'의 어원을 살펴도 '본질을 제대로 안다'라는 뜻이다. 현상을 깊게 만나 존재의 본질을 아는 놀라운 순간을 우리 선조들도 아름다움이라 했나 보다.

아름다움의 여신 아프로디테는 고태의 여신이다. 지구상의 모든 생명체가 그러하듯 바다에서 탄생해서 몸 에너지가 홍수처럼 범람을 한다. 르네상스 시대의 화가 산드로 보티첼리가 〈비너스의 탄생〉에서 표현했듯, 물기를 잔뜩 머금은 채 굽이치는 머릿결부터 탐스러운 어깨선과 유려한 몸 곡선까지 온몸으로 에너지의 흐름을 표출한다. 보티첼리의 감동으로 태어난 비너스, 즉 아프로디테는 강렬한 매력을 발산하고 있어 마치 에로틱한 순간을 경험하듯 보는 이의 심장을 감전시킨다.

여신의 특질을 결코 하나로는 설명할 수 없다. 비둘기와 참새가 여신의 새이고, 꽃의 여왕 장미와 산천에 흐드러지게 피는 야생화가 여신의 꽃이다. 발랄하고 미끈한 돌고래와 속살이 부드러운 핑크빛 조가비도 여신의 상징이다. 천상의 힘과 땅의 풍요가, 그리고 우아함과 비옥함이 공존을 한다. 신록이 가득한 철이 여신의 계절인지라 그때가 되면 뽐내고 깔깔대며 희롱하는 생명의 기운이 대기를 가득 채워 공기가 달뜬다. 뭇 생명의 향연에 늘 여신 아프로디테가 함께한다.

아름다움은 숨을 멎게 하고 설렘으로 떨게 만든다. 이 느낌이 고대 그리스인이 말하는 심미감aisthesis의 본래 뜻이다. 무언가를 응시하는 순간, 놀라움이 탄성으로 터져 나온다. 그리스인은 깊이 들이마신 충격과 경탄으로 숨이 멎는 이런 감각과 지각felt-sense이 일어나는 장기를 심장이라고 보았다. 심장으로부터 심미감이 비롯된다는 점은 현대의 우리가 곱씹을 일이다. 모든 이들과 심미적 느낌을 함께하려는 욕구가 창조로 이어질 텐데, 가슴의 감흥을 탄생시키지 않고는 배길 수가 없어서 출산으로 분출된다. 놀라운 만남이 깊은 감동과 이해를 낳아 기꺼이 자신을 바쳐 무언가를 만들어내게 하는데, 이 모든 과정은 여신 아프로디테의 영향 아래 이루

• 1485년경 이탈리아의 화가 산드로 보티첼리
가 그린 〈비너스의 탄생〉. 바다로부터 태어
난 비너스, 즉 아프로디테가 온몸에서 강렬한
매력을 발산하고 있다. 우피치미술관 소장. ©
Wikimedia Commons: Dcoetzee

어진다.

그런데 만일 삶에서 심미적 반응이 일어나지 않는다면 어떠할까? 내게 펼쳐지는 사건이, 누군가와의 만남이 가슴에 가닿지 않은 채 피상에 머문다. 심미감의 장기인 심장과의 접촉 상실, 이런 때 우울이 지배한다. 매사 시들해지고 따분하다. 점차 둔감해지다가 무감각해지는데, 마치 심장이 마취된 듯 떨림과 울림과 감동이 전해지지를 않는다. 이 상황이라면 무엇보다 아프로디테와의 관계를 살필 때다. 내 삶에 아름다움을 위한 자리는 존재하는지? 나와 내 공간의 아름다움을 위해 얼마만큼의 에너지를 쓰고 있는지? 아프로디테를 존중하지 않는 환경은 추하다. 추한 환경은 살아 숨 쉬고 있다는 감각을 둔하게 하여 우리를 우울로 빠뜨린다. 이러한 우울의 해독제는 단연 심미감을 되찾는 것이다.

트로이전쟁은 그리스 코스모스에서 심장이 본질적 기능을 한다는 점을 입증한 사건이다. 이 전쟁은 가장 아름다운 여신이 갖게 될 황금 사과가 아프로디테의 것이 되면서 시작된다. 그렇다면 너무나도 온전하고 아름답고 힘 있는 세 여신, 헤라, 아테나, 아프로디테 중에서 왜 꼭 아프로디테여야 했을까?

흔히들 '골든 아프로디테'라 부른다. 금은 동서고금을 통틀어 최상의 가치를 지닌다. 뭇 생명의 본질에서 우러나오는 황금빛 광채가 아프로디테의 특질인지라 여신과 금은 친연성이 있다. 게다가 하필이면 사과다. 복잡한 이데올로기로 버무려진 이브의 사과가

• 2세기경 튀르키예의 안티오크에서 제작된,
파리스의 심판을 묘사한 모자이크. 오른쪽
에 세 여신이 서 있고, 위에서 사랑의 신 에
로스가 이 모습을 지켜보고 있다. © Wikimedia
Commons: Dcoetzee

먼저 뇌리를 스치지만, 본래 사과는 아프로디테의 과일이라는 사실을 잊지 말자. 사과를 가로로 자르면 가운데 샛별 모양이 있는데, 샛별은 아프로디테의 별이다. 황금 사과를 손에 쥔 트로이의 왕자 파리스는 마땅히 아프로디테에게 황금 사과를 바친다. 그리고 아프로디테의 충실한 사제이자 눈부시게 아름다운 여인 헬레네를 취한다. 전쟁은 직접적으로 헬레네 때문에 발발한다. 그녀는 그리스와 트로이 모두에게, 전부를 바치다시피 해도 반드시 지켜내야만 하는 존재인 것이다.

그리스 작가 니코스 카잔차키스의 글을 보면 헬레네에 대한 그리스인들의 태도를 좀더 이해할 수 있다. 그는 『모레아 기행』에서 레몬 향기가 유난히 짙게 풍기는 고혹적이고 탐스러운 스파르타 계곡에 대해 "헬레네의 몸에서 풍겨 나오기에 그렇다"라고 한다. 그러면서 "우리 그리스인들은 마음속 깊은 곳에서 '헬레네'는 곧 '헬레네를 위해 싸운다'는 것임을 알고 있다"라고 진술한다. 이어서 카잔차키스는 인도인 현자와 '공空'과 '색色'에 대한 철학 논쟁을 펼치는데, 이때 그는 현자에게 이렇게 말한다. "헬레네가 그림자에 지나지 않는다 해도 그녀의 그림자는 축복받을 만한 가치가 있습니다. 그 그림자를 위해 싸웠기 때문에 우리 마음이 넓어졌고 신체가 강인해졌으며 (……) 대담함과 모험심을 안고 고국으로 돌아올 수 있었습니다." 헬레네는 그리스의 자연일 수도, 심미감의 표상일 수도, 시인의 뮤즈일 수도, 어쩌면 그리스인의 심장일 수도 있겠다.

'공'과 '색' 가운데서 인도가 '공'에 방점을 찍었다면 그리스는 확실히 '색'에 방점을 찍었던 듯하다.

정신에 존재하는 무형의 에너지에 살을 붙여 피가 도는 여인으로 손에 잡히도록 생생하게 살려낸 그리스다. 지구상에는 정신의 금자탑을 세운 놀라운 신화권들이 존재했지만, 고대 그리스만큼 원형적 에너지를 분화시켜 그 내용을 튼실하게 채운 신화권은 없었다. 그래서 원형심리학의 메카로 간주하는 것이리라. 인간 정신의 내밀한 에너지를 의인화하여 스토리로 빚어내는 작업은 시적 영감이 있어야 가능한 일이다. 헬레네는 결코 포기할 수 없는 삶의 진실이자 아름다움 그 자체이고, 이는 곧 여신 아프로디테를 향한 그리스인의 고백이다.

앞서 만나본 여신 아르테미스는 강인하고 용맹하고 독립적이어서 아름답다. 맹렬하게 야성을 수호하기에 잔혹해지기도 한다. 반면 여신 아프로디테는 부드럽고 달콤하고 사랑스럽다. '홀로'가 아니라 관계를 지향한다. 도시와 문명을 좋아하고, 관계에서 주고받는 미세한 에너지의 결들을 존중한다. '삶을 더 우아하고 풍요롭게'가 여신의 모토다. 매순간 존재의 순수한 기쁨으로 뛰어들어보자. 이 자리가 미의 여신, 성의 여신, 풍요의 여신, 아프로디테의 세계다.

## 하늘과 땅이 만나 빚어낸 매혹적 존재

우라노스는 밤마다 하늘에서 내려와 가이아를 덮친다. 둘 사이에 아이가 태어날 때마다 자기 자리를 전복당할까 두려웠던 우라노스는 땅속 가장 깊은 곳에 아이를 묻어 빛을 보지 못하게 한다. 더 이상 잔혹함을 견딜 수 없던 가이아가 아이들에게 우라노스를 무찌르라고 제안한다. 이에 아들들 중 유일하게 크로노스가 나선다.

밤이 깊어 우라노스가 땅으로 내려와 가이아를 덮치려는 순간, 크로노스가 구부러진 낫으로 아버지의 성기를 자른 뒤 등 뒤로 던져버린다. 성기는 훌쩍 바다 위로 떨어진다. 오랜 세월 우라노스의 성기는 파도에 휩쓸려 다니다가 파도 거품으로부터 형상이 태어나는데, 그녀가 바로 미의 여신 아프로디테다.

우라노스와 가이아는 의인화되기 이전의 하늘과 땅 자체다. 신화에서 원시적 욕망과 연루된 우라노스의 폭력은 거칠고 야만적이다. 이 고태적인 의식들 사이에서, 천상과 지상이 결합하여 미의 여신 아프로디테가 탄생한다. 그렇다면 이것은 무엇을 뜻할까?

바다라는 원시 자궁에서 오랜 시간 밀물과 썰물이라는 우주의 리듬으로 주조되어 마침내 포말로부터 형상이 빚어져 여신이 탄생한다. 여신은 코스모스가 출산한 자손이다. 아프로디테가 파포스 해안으로 첫발을 내딛는 순간, 이전에 존재한 적 없던 우아함과 매혹이 세상에 도래한다. 가장 섹시한 여신이다. 섹스가 파도의 움직임과 바다 내음을 연상시키는 연유는 쉽게 지울 수 없는 기원의 흔적이 남아 있기 때문이 아닐지. 가이아를 덮치려는 우라노스의 강박적 욕망이 아프로디테에 이르러 훨씬 섬세하고 매력적인 '밀당'의 춤사위로 탈바꿈한다. 거친 자연의 힘이 정교한 예술로 바뀐 것이다. 따라서 여신의 탄생 자체가 인간의 의식 발달에 있어서 괄목할 만한 도약이다.

여신은 짝을 좋아한다. 자연과 문명, 일출과 일몰, 바다와 육지, 남성과 여성, 사랑의 열기와 물의 감각……. 여신 역시 우라노스와 가이아 사이의 아득한 거리가 짝으로 뒤엉켜 친밀하게 가까워지면서 탄생했다. 가스통 바슐라르는 "위대한 몽상가들은 세상과의 친밀함을 간직한다"라고 했다. 그가 말한 세상이란 우주 뭇 생명과 에로틱한 교분을 품고 있는 아프로디테의 영역이다.

실제 여신이 탄생했다는 사이프러스의 파포스 해변은 대단히 감각적이다. 완만한 경사의 해안선을 따라 동글동글한 몽돌들이 뒤덮고 있는데, 유난히 핑크빛 자갈이 많다. 멀리서 파도가 힘차게 들이쳤다가 바다로 나갈 때는 바닥의 몽돌들이 서로 부딪치면서 물 표면과 바닥이 리듬에 맞추어 이중주 협연을 한다. 더도 덜도 아닌 쾌적한 따뜻함이 감돌며, 티 하나 섞이지 않은 지중해의 푸른 바다는 뛰어들지 않고는 배길 수 없게 유혹한다. 양수의 느낌이 이 바닷물이 감싸는 촉감과 같다면 인간의 첫 시작은 진정 에로틱한 것

- 노을이 질 무렵의 파포스 해변. 하늘에서는 하루의 마지막 햇살이 내려오고, 태양의 온기를 품은 바다는 은은히 빛을 발하고 있다. 바다에서 태어난 아프로디테가 가운데 보이는 큰 바위를 지나 육지로 올라왔다고 한다.

이었으리라.

여신은 해마다 봄이면 어김없이 이 해변으로 돌아와 의례를 했다. '신성한 목욕'으로 온몸의 감각을 '처음처럼' 되돌리고, 영원한 처녀를 회복했다. 목욕을 마치고 다시 육지로 발걸음을 옮길 때 사람들은 아프로디테 여신의 머리에 화관을 씌우고 여신의 걸음걸음 내딛는 자리마다 장미 꽃잎을 뿌렸다고 한다. 신화에서는 계절이 한달음에 달려와 아프로디테를 맞았다고 하는데, 여신은 한여름 직전 녹음이 푸르를 때 반짝이는 생동감으로 세상의 들판과 언덕과 공기를 축복했다. 신화에서는 아프로디테의 이런 힘과 특질을 다음과 같은 이미지로 묘사하고 있다.

여느 때처럼 여신은 사랑에 빠졌다. 상대가 인간인지라 왕국의 공주로 변장하고 연인을 만나러 숲길로 들어서는데, 숲에 사는 모든 새도, 짐승도, 꽃과 벌과 나비도 짝짓기를 시작한다.

이 이미지가 아프로디테의 본질을 가장 잘 보여주는 묘사라 생각한다. 세상이 온통 사랑에 빠지도록 만드는 게 여신의 주술인가 보다. 살아 있음을 찬양하는 춤을 추지 않을 수 없을 만큼 여신의 유혹은 강렬하다.

## 문명의 이상, 그 찰나의 아름다움

여신의 탄생은 문명화와 떼려야 뗄 수가 없다. 자연의 힘 그 자체인 우라노스와 가이아의 욕망을 조절하고 정제한 뒤 세련미로 치장하여 꽃으로 피워낸 것을 문명화의 은유라 한다면, 인류는 아프로디테의 탄생과 나란히 문명화로의 발걸음을 내딛은 것이다. 인류사의 주요 문명들은 각기 저마다의 고유하고 독특한 모양새를 선보였는데, 이는 집단 구성원의 아름다움에 대한 열망과 이상의 결실일 것이다. 결국 아름다움에 대한 열정이 문명의 질을 결정한다.

여신의 아름다움은 자연 그대로가 아니다. 그렇다고 로마의 도시계획 같은 아폴론적 인공미나 각 잡힌 구획화도 아니다. 자연과 인공의 절묘한 균형이 여신의 마법이다. 자연스러운 편안함을 잃지 않으면서 동시에 문명적 훈련을 요한다. 그 특질이 가장 잘 드러나는 예가 정원일 것이다. 정원은 각 문명의 독특한 감각을 표현하는 자리다. 영국 정원은 프랑스 정원과 다르고, 한국 정원은 일본 정원과 뚜렷이 구분된다. 정원에 생산성과 효율의 자리는 별로 없다. 하지만 문명화된 사회일수록 정원 가꾸기에 엄청난 열정을 쏟는다. 눈, 향기, 감촉, 가꿈의 호사는 기꺼이 시간을 잃어도 좋을 순수한 기쁨이자 놀이다. 이 매일의 일상을 더욱 아름답게, 좀 더 우아하게 만들어 문명의 격을 높여주는 여신이 아프로디테다.

여신은 찰나적인 아름다움을 경작한다. 재생은 가능할지라도 보존은 불가능하다. 쉽게 사라져버려 그 안에 슬픔이 내재되어 있다. 신록도 계절적으로 짧고 젊음도 한때다. 매화, 진달래, 작약, 목련은 살포시 마음에 내려앉아 짙은 반향을 일으키지만, 그 향기는 귀한 향수처럼 코끝을 스치고 날아가버린다. 쉽게 사라지는, 그러나 승화된 여신의 아름다움은 봄날의 스냅숏 같다.

내가 사는 곳 근처 산에는 봄이면 산벚꽃이 흐드러지게 피어 온 세상을 환하게 밝힌다. 그런데 채 한 주가 가지 않아 꽃잎이 비처럼 떨어지고 초록 잎이 나오면서 산벚꽃은 순식간에 흔적도 없어진다. 그사이 비바람이라도 세차게 치면 꽃은 더 빨리 사라진다. 이대로 조금만 더 곱기를 바라는 욕심을 떨쳐내라는 건지, 열망을 품어도 딱 일주일이다. 이 순간을 위해 한 해를 기다린다. 움켜쥘 수 없는지라 찰나의 귀함을 익혀간다. 한시적인 아름다움을 찬미하면서 애도하는 것도 배워간다.

과감함 또한 여신의 특질이다. 아프로디테는 자기를 드러내는 데 거침이 없다. 머리에 꽃을 꽂고, 필요하면 노출을 하고, 격식에 맞추려 애쓰지도 않는다. 눈에 띄지 않게, 요란하지 않게, 유행이라서, 이 모든 한계로부터 자유롭다. 이런 피부, 이런 얼굴형, 이런 몸매가 아름답다는 고정관념이나 규격화와도 거리가 멀다. 외적 준거에 순응하는 대신, 훨씬 대담한 매혹을 발한다. 용기와 자신감 같은 내적 가치가 중심에 있는 듯한데, 그 뿌리는 결국 자기 존재에 대한 기쁨일 것이다. '야하다' '튄다' '매혹적이다' 등등 그 뭐라고 평하든, 욕망을 불러일으키는 아름다움은 은총의 상태와 가깝다.

우리 사회에서 점차 커지고 있는 아름다움에 대한 열망이 참으로 반갑다. 자신의 아름다움을 가꾸기 위해 열정을 쏟고, 조화를 고려하는 인테리어 디자인과 건축에 엄청난 에너지를 투여한다. 도심을 걸으며 눈 호사와 향취와 여유로 그득해지는 미래를 그려보면서, 미의 여신 아프로디테를 섬기는 바른 자세를 되새기고 싶다. 아름다움이 주는 풍요와 가치를 존중하면서 삶을 더욱 충만하게 만드는 여신의 사제가 되려 한다.

## 아름다움에는 치유의 힘이 있다

심리학psychology이라는 단어의 어원을 거슬러 올라가면 프시케Psyche가 나온다. 프시케의 아름다움은 잘 알려져 있는데, 그녀로부터 에로스 신화가 시작된다. 프시케는 인간임에도 아프로디테 여신 같다고, 혹은 여신보다 더 아름답다고 찬사를 받아서 문제가 된다. 본래 프시케는 나비 혹은 나방이란 말이지만, 종종 영혼으로 번역된다. 심리학, 특히 심층심리학이 영혼의 돌봄care of soul을 기치로 내세운다는 점을 떠올리게 하는 번역이다. 일생 되풀이되는 죽고 거듭남을 통해서 궁극의 찬란한 나비로 완성되는 이미지는 심리학의 대표적인 은유다. 그렇다면 심리학은 아름다움, 특히 '심미적 변형 aesthetic transformation'에 대해 얼마만큼 가치를 두고 있을까?

아름다움보다 더 운명을 깨어나게 만드는 동인이 있을지 상상조차 어렵다. 수많은 화가와 음악가, 과학자들은 무언가를 깊게 만나는 순간 '아, 이게 바로 내 운명이야!'라는 느낌을 받는다. 그렇게 가슴 요동치는 경험을 통해서 일생의 헌신이 결정된다. 소위 말하는 운명애運命愛,Amor fati 혹은 운명의 이해와 수용은 심미감에서 촉발된다.

단테 알리기에리는 아홉 살 때 길거리에서 진홍색 드레스를 입은 소녀 베아트리체를 처음 본다. 순간 그 아름다움에 취해 일생의 사랑과 상상력과 시적 영감을 소녀에게 바친다. 프레데리크 쇼팽에게는 클라라 슈만이, 프리드리히 니체와 라이너 마리아 릴케에게는 루 살로메가 그런 존재였다. 그 외에도 역사에 걸출한 이름을 남긴 헤아릴 수 없이 많은 이들의 운명이 아름다움과 결부되어

• 빼어난 아름다움으로 아프로디테의 미움을 산 프시케. 이 사안을 해결하고자 아프로디테의 아들 에로스가 프시케를 찾아간다. 그러나 에로스 또한 그녀의 아름다움에 놀랐는지 그만 사랑에 빠지게 되는 화살을 자신에게 쏘고 만다. 안토니오 카노바의 1794년작 〈에로스와 프시케〉. 메트로폴리탄미술관 소장.

있다. 『지구의 꿈 *The Dream of the Earth*』이라는 저작으로 유명한 지구사학자 토머스 베리 Thomas Berry 신부님은 생애 말년의 강의에서 이런 말씀을 하셨다. "내 어릴 적 뛰놀던 초원은 너무나 아름다웠지. 내 인생은 그 들판을 지키려는 노력이었어!" 내게 깊은 여운으로 남아 있는 순간이다.

아름다움의 상실은 많은 이들에게 트라우마로 남는다. 그룹투사 꿈작업 Group projective dreamwork(여럿이 함께 각자의 꿈을 나누고 자신의 꿈으로 상상해서 그 꿈에 대한 투사를 하는 작업)을 하다 보면, 어린 시절 주요한 사건이 일어났던 시기가 꿈에 나오는 경우가 빈번하다. 그럴 때 그 나이에 벌어졌던 일을 떠올려보라고 하는데, 종종 시골에서 도회지로 전학한 해라는 답이 돌아온다. 갑작스러운 환경 변화로 극심한 스트레스를 받았다는 말이 뒤따른다. 자연과의 조화를 상실한 것은 새로운 환경에 적응하는 어려움에 버금가는 스트레스일 것이다. 가까운 사람을 잃을 때만큼이나 아름다운 경관을 잃는 것, 특별한 나무가 잘려 나가는 것, 뛰놀던 자리를 박탈당하는 것도 트라우마적 사건일 수 있다. 각종 개발로 고향 집이 사라지거나 댐 건설 등으로 마을 전체가 수몰되는 것 역시 아름다움의 상실과 맞닿아 있다. 개성이 고향이었던 소설가 박완서는 죽어 천국에 간다면 그 모습은 더도 덜도 아닌 어릴 적 싱아가 가득 피던 그 고향 마을 같을 것이라 했다. 아름다움이 있었기에 추억이 이토록 영구적인 자국으로 영혼에 새겨졌던 게 아닐까?

앞서 언급했듯이 추한 환경은 사람을 우울하게 만드는데, 역으로 우울한 사람은 아프로디테에게 헌신하지 않는다. 식탁에 꽃을 꽂거나 예쁜 그릇으로 호사를 떨거나 간단한 장식으로 맵시를 뽐내려 들지 않는다. 방치된 환경이 곧 우울의 표식일 수 있다. 수업 시간에 이런 이야기를 할 때면 종종 분장에 가까운 화장을 해야만 집 밖을 나서는 경우도 우울증에 해당하는지 질문을 받곤 한다. 이 경우 화장은 자신 없음과 추함을 가리고 덮으려는 가면이지 아름다움을 존중하는 것이 아니다.

아름다움과 치유의 힘은 불가분의 관계에 있다. 고대 그리스인들은 이 힘을 충분히 인식하고 있었다. 종합병원의 원조로 거론되는 도시인 에피다브로스를 돌아보면, 현대의 병원이 얼마나 아폴론 중심적으로 설계되었는지 극명하게 대비가 된다. 이곳은 기원전 6세기경 의술의 신인 아스클레피오스를 숭배하는 사람들이 성지로 지정하면서 점차 치료의 메카로 발전하는데, 병원이라기보다는 치유 센터 혹은 치유 타운이 더 적절한 표현일 것이다.

에피다브로스는 사방 녹음이 뒤덮고 있는 너른 구릉 지역이다. 초입에 들어서면 바로 원형극장이 나온다. 1만 5000여 명을 수용할 수 있는 계단식 객석이 원형 무대를 에워싸고 있는데, 무대 중앙에서 배우가 마이크 없이 말을 해도 관객 모두에게 그 말이 또렷이 들리도록 설계되었다. 이곳에서 운명의 딜레마로 점철된 그리스의 비극과 희극이 상연된다. 객석에 있다 보면, 극 속 인물들과의

기원전 4세기에 건립된 에피다브로스의 원형
극장. 이곳에서 운명의 딜레마로 점철된 그리
스의 비극과 희극이 상연되었다. 극장 너머로
는 푸른 숲과 하늘이 시원하게 펼쳐져 있다.

동일시를 통해 각 인물이 처한 난공불락의 감정을 내재화함으로써 운명의 흐름을 객관화하는 드라마 테라피가 절로 일어날 것만 같다.

에피다브로스에 머물며 자고 일어나면 밤새 꾼 꿈으로 꿈 치료를 했다고 한다. 온천욕, 치유를 위한 음악, 마사지 등 현대 심리학에서 치료 기법으로 개발되고 있는 상당수가 이 자리에서는 이미 시행되었다. 게다가 현대 의학으로 간주하는 내과, 외과 치료부터 심지어 뇌수술까지 이루어졌다는 증거들이 남아 있다. 당시에 사용했던 수술 도구들은 지금 기준으로도 그 정교함이 놀랄 지경이다. 치료를 마친 환자들이 자신의 질병과 치료 기록을 벽돌에 새기고 돌아간 덕분에 치료 일지가 남아 있기도 하다.

아름다운 자연에서 산책하고 시를 읊조리며 극을 보고 음악을 연주하고 각자의 상황에 부합하는 맞춤형 치료가 제공되었으니, 이곳에 몇 달 머물다 보면 낫지 않을 병이 있을까 싶다. 몸과 마음을 전일적으로 돌보는 통합 치료의 원조 모델 같다. 아름다운 정원, 비전祕傳이 있었으리라 짐작되는 신전, 쾌적한 음악이 흐르는 식당, 매력적인 테이블 세팅, 건강한 만찬과 정담, 고대의 치료에는 이 모든 것이 갖추어져 있었다. 현대 병원이나 의술도 놀랍게 발달해왔지만, 아프로디테의 힘이 치유에 특별한 영향력을 지닌다는 사실을 얼마나 고려하고 존중하는지는 의문이 든다.

## 혼인 생활 가운데 아프로디테의 자리가 있는가

그리스 신화 최고의 수수께끼로 꼽는 질문이 있다. '왜 미의 여신 아프로디테가 올림포스의 신들 중 유일하게 추하다고 하는 헤파이스토스와 혼인을 했을까?' 왜일까? 둘의 혼인과 관련해 두 가지 다른 버전의 신화가 널리 알려져 있다.

여신 아프로디테가 올림포스에 당도하자 그 미모에 반한 남신들이 서로 여신의 사랑을 쟁취하기 위한 싸움을 벌인다. 이에 제우스가 급작스러운 소동을 진정시키기 위해 서둘러 아프로디테에게 헤파이스토스와의 혼인을 명한다.

또 다른 버전의 신화는 다음과 같다.

헤라는 헤파이스토스를 낳자마자 그 모습이 추하다며 지상에 던져 버린다. 땅에 닿기까지 아흐레 밤낮을 추락했다고 한다. 헤파이스토스는 자기를 버린 어머니에 대한 복수를 감행한다. 빼어난 기량을 발휘해 근사한 옥좌를 만든 뒤 헤라에게 선물한다. 그런데 그녀가 옥좌에 앉자마자 마치 수갑이 채워지듯 묶여버린다. 헤파이스토스는 헤라를 풀어주는 대가로 아프로디테를 요구하고, 이 제안을 제우스가 받아들여 둘의 혼인이 이루어진다.

어느 버전이든 두 신의 혼인에서 제우스의 역할이 중요하다. 가부장의 명을 받아 원치 않는 혼인을 해야 하는 아프로디테다. 이때 여신은 자기만의 방식으로 응대를 한다. 정면 승부나 직접 충돌은 여신의 방식이 아니다. "그래요? 그렇다면 하지요. 단, 올림포스에서 제일 섹시한 아레스를 애인으로 둘 거예요." 헤파이스토스는 추하지만 그가 만들어 자신한테 바칠 금은보화 장신구는 최고로 아름다울 테니 나쁠 것도 없다. 여신은 몸의 자태만큼이나 결정도 유연하고 탄력적이다. 버들가지처럼 휘며 충돌은 피하되 그렇다고 결코 굴복하는 법은 없다.

강인한 결기나 맞대결은 아르테미스나 아테나 여신의 방식이다. 아프로디테는 그런 여신을 보며 이렇게 되뇔지 모른다. "결국 힘으로 해서 내가 상대가 안 될 게 뻔한데 뭘 그렇게 피 터지게 용을 쓰나? 모양 빠지게." 헤파이스토스와의 혼인은 아프로디테에게 그다지 나쁠 것 없는 거래다. 그 누구도 거스르지 않은 채, 자신

• 태어나면서부터 추하다는 이유로 어머니의 버림을 받는 헤파이스토스. 그는 아름다운 아내를 얻었지만 그녀에게도 배신을 당한다. 조각가 기용 쿠스트가 1742년 프랑스왕립아카데미의 회원이 되기 위해 출품한 작품.
© Wikimedia Commons: Jastrow

이 원하는 건 모조리 취하는 게 여신의 스타일이다. 여기서 지고지순이나 일부종사를 거론한다면, 여신을 몰라도 너무 몰라 하는 말이다. 아프로디테에게 틀이나 원칙을 들이댄다면, 그녀는 미소 지으며 우아하게 틈새를 빠져나갈 것이다. 여신은 거품에서 탄생했다. 움켜쥐면 이미 손아귀에 없다. 가정이라는 울타리조차 가둘 수 없다. 가정 지키기는 아프로디테가 아닌 헤라의 영역이다.

헤파이스토스는 불 앞에서 땀 흘리며 부지런히 풀무질을 하여 최고의 황금 장식을 아프로디테에게 선물로 가져온다. 이 둘의 결합에 돈은 중차대한 요소다. 헤파이스토스는 추하지만, 그의 황금은 가치가 있다. 아프로디테는 금은과 화려한 보석 치장을 즐긴다. 그런데 헤파이스토스가 아내의 부정을 알게 된 순간, 여태 선물한 모든 것을 돌려달라고 말한다. 자신에게 속할 때만 최고의 것을 바치는 헤파이스토스다. 군이 말하자면 그의 사랑은 소유욕에 가깝다. 어렵게 쟁취한 자신의 전리품 같은 여신이어서 더더욱 그러할지 모르겠다. 헤파이스토스처럼 열등감 있는 남성에게 최고의 미인은 빛나는 훈장이다. 실제로 헤파이스토스처럼 사랑받지 못한 남성들은 권력이나 부에 대한 과도한 충동을 보이는 경우가 허다하다. 이는 결핍된 사랑에 반하는 복수다.

빼어난 미모는 마법의 힘을 지닌다. 아름다운 여성이 영화 〈귀여운 여인〉의 여주인공처럼 신분 상승을 하거나, 엄청난 영향력을 행사하거나, 커다란 행운을 거머쥐는 스토리는 전혀 새롭지 않다.

사실 아름다운 사람에게 눈 돌아가고 설레는 것은 동물적 본능이기도 하다. 그런데 아름다움은 지키기가 대단히 어렵다는 점도 기억할 일이다. 자신의 특별한 미모를 파괴적으로 사용하는 경우, 최악의 상황으로 떨어진다. 매릴린 먼로가 그러했고, 어니스트 헤밍웨이의 손녀 마고 헤밍웨이가 그러했다. 할리우드든 충무로든 미모만큼 파국적 삶을 산 스타들도 무수히 많다. 실제로 비범한 아름다움의 소유자들이 불가피하게 품게 되는 의혹이 있다. '이 남자가 나를 사랑하는지, 내 미모를 사랑하는지?' 이는 엄청난 재력가 남성들도 마찬가지다. '상대가 나를 사랑하는지, 내 돈이나 지위를 사랑하는지?'

심리학적으로 볼 때, 여성의 미모를 과도하게 찬양하는 남성은 의혹의 눈으로 살피는 게 현명하다. 남성의 진실한 감정이 아닐 수 있기에 그렇다. 과도함이라는 과장은 미성숙한 아니마anima(남성 내면에 존재하는 여성적 요소)의 전유물이다. 빼어난 미인들이 남성과의 관계가 녹록지 않은 이유가 여기에 있다. 남성이 자기 내면의 이상화된 아름다움을 바깥 여인에게 투사할 때, 상대 여인은 결국 허깨비일 수밖에 없다. 이런 관계가 지속된다면, 여성은 남성의 아니마에서 자유로울 수 없고 사랑을 잃지 않기 위해서 종종 자신의 아름다움을 희생하게 된다. 이들의 관계는 존재 자체를 사랑하고 사랑받는 것이 아니기에 당사자들은 한없이 공허하다. 인류 역사가 한결같이 보여주었듯 특별한 선물과 저주는 언제나 맞붙어 있다. 미모의 힘만큼 그림자도 짙다.

아프로디테는 미의 여신이자 또한 성의 여신이다. 여신은 짝을 사랑하고 상호 즐거움을 존중한다. 아프로디테가 부재한 혼인은 차갑고 메마르다. 오늘날에는 안타깝게도 '섹스리스 부부'라는 표현이 낯설지 않다. 이 시점, 자신의 혼인에 대해 물어볼 일이다. 부부의 침대에 열정적인 아내를 위한 자리가 존재하는가?

전통적으로 아내의 덕목이라 간주하던 이미지는 일벌에 가깝다. 부지런하고, 정성껏 밥상을 차리고, 알뜰살뜰 살림하고, 자녀들을 위해 무조건 헌신하고, 남편만을 섬기는 일부종사가 당연하다. 이런 말들을 듣고 자랐으니 이 땅에 처녀 잉태가 많은 것이 놀랍지 않다. 자기 어머니를 처녀라 생각하는 성인 남자들이 제법 있기 때문이다. 여자란 성녀 아니면 창녀인, 내면의 여성상이 분열된 남성들도 상당하다. 여기 어디에도 아프로디테를 위한 자리는 마련되어 있지 않다.

이런 사이비 이미지가 나에게 얼마나 영향을 미쳤는지 확인한 순간이 있었다. 유학 시절 브라질에서 온 또래 이웃이 있었는데, 어릴 적 자기 부모님은 늘 큰소리를 내며 싸워서 엄마, 아빠의 결혼이 참 불행하다고 믿고 있었단다. 그런데 부모님이 돌아가신 뒤 고모와 이야기를 나누다가 이런 말을 들었다. "너 무슨 소리 하니? 네 엄마, 아빠는 돌아가시는 날까지 섹스를 했어." 그 말이 너무나도 위안이 되었다며 이웃은 만족스러운 표정을 지었는데, 그 테이블에서 내가 어정쩡하게 짓던 웃음이 아직도 생생하다. 당혹스럽고 계면쩍었다. 아직 덜 컸던 때였다고, 쿨하지 못한 나를 변명한다. 금슬 좋은 부모란 자식들에게 축복이다. 그런데 왜 내 엄마는 성모 마리아 같다는 '가짜 뉴스'를 포기하지 못할까?

실제 혼인 생활에서 열정적인 아내는 선물이다. 그런데 애매함을 불러일으킨다. '당신은 언젠가 나를 떠날 것 같아'가 낯설지 않은 남편들의 속내다. 열정적 관계와 안정적 혼인 사이에는, 마치 아프로디테와 헤라 사이처럼 묘한 긴장감이 흐른다. 아직은 이를 예술적으로 다뤄내지 못하는 게 대다수 우리네 부부 관계 같다.

고대 그리스에서는 젊은 아내들이 남편과의 열정을 회복하기 위해 아프로디테 신전을 찾았다. 혼인에서 아프로디테의 자리는 대단히 중요하다. 비록 아프로디테는 다른 남자에게 눈을 돌렸지만, 여신이 배우자의 배신에 관대한 것은 아니다. 진노하고 복수를 했다. 헤라와 아프로디테 두 여신 중 한 신만을 존중하는 이분법적 태도는 혼인의 언약이나 풍요에 결격 사유다. 상호 모순된 듯 보이는 마음 안에서 서로 반대쪽으로 당기는 신들을 모두 존중하는 고차 방정식이 성숙하고 아름다운 혼인을 이어 나가려 할 때 풀어야 할 과제다.

# 정직과 진실은 동등한 관계일 때 가치를 지닌다

여느 날과 마찬가지로 헤파이스토스가 풀무질을 하러 림노스섬으로 떠난다. 아프로디테는 재빨리 아레스를 불러들인다. 헤파이스토스는 둘 사이를 눈치채고 침대 위에 보이지 않는 그물을 설치해놓았다. 이들이 사랑을 나눌 때 위에서 그물이 내려오고, 뒤엉킨 알몸 둘이 그물에 갇힌다. 헤파이스토스는 공중에 그물을 매달아놓은 채 올림포스의 모든 신들을 불러들인다. 이때 남신들만 달려왔다고 한다. 이 광경을 목격한 헤르메스가 한 말이다. "아프로디테 품에 안길 수만 있다면 헤파이스토스가 하는 어떤 복수도 기쁨으로 받겠다."

헤파이스토스의 의도와 달리, 신들은 아프로디테를 비난하거나 연인의 행동을 수치스럽게 여기는 게 아니라 헤파이스토스를 조롱거리로 삼는다. 명백히 아내의 부정 현장을 포착했건만, 헤파이스토스의 분노와 배신감은 누구에게도 공감이나 위로를 받지 못한다.

그리스의 도덕관과 기독교의 도덕관은 다르다. 기독교에서 거짓은 죄이지만, 그리스에서는 타인의 거짓말에 순진하게 속아 넘어가는 게 잘못이다. 사기꾼뿐만 아니라 정치가와 외교가는 협상의 여지를 남겨두기 위해 진실에 침묵하고, 완곡하게 돌아가고, 미사여구로 포장을 한다. 진실은 드러나게 되어 있고, 참이 거짓을 이

FRANC · PARMIN ·

- 이탈리아의 판화가 이네아 비코의 1543년작
  〈대장간에서 작업하는 헤파이스토스 옆에서
  껴안고 있는 아프로디테와 아레스〉. 헤파이
  스토스의 대장간과 침대를 한 화폭에 담아냄
  으로써 대비를 극대화한 작품이다. 메트로폴
  리탄미술관 소장.

기고……. 이런 교과서 같은 말은 현실과의 간극이 크다. 실은 '온전한 진실은 드러나지 않는다'라는 말이 훨씬 현실감 있다. 역사는 의혹이 해소되지 않는 사건들로 점철되어 있다.

거짓이 죄라면서, 우리는 얼마나 자주 상대에게 거짓을 강요하는가? "내가 예뻐? 저 배우가 예뻐?" "이제까지 살아오면서 사랑한 여자가 나뿐이었어?" 아내가 남편에게 이렇게 물었을 때, 남편이 고지식하게 진실을 말한다면 억장이 무너질 일이다. 아프로디테나 헤르메스의 지혜를 요하는 순간이다. 이때의 지혜란 진실과 거짓을 분별하는 것이 아닌, 상황적 유연성을 발휘하는 것이다.

아프로디테와 헤르메스는 진솔한 말이 손해일 때, 또 명예를 지키다가는 생존을 위협받을 때, 거짓을 말하고 속임수를 쓰고 유혹을 한다. 정직과 진실은 평등한 관계일 때 통용되는 법이다. 동등하지 않은 상태에서, 얼어붙은 권위 앞에서, 진실은 종종 통제와 지배의 수단으로 작동할 뿐이다.

아프로디테는 물의 에너지다. 가두거나 한계를 설정할 수 없다. 작은 구멍과 틈새만 있으면 자유롭게 흘러간다. 진실과 정직이 두려움과 억압의 산물이라면, 이는 가치나 덕목이라기보다는 취약함의 표상이다. 진실과 정직은 서로를 존중할 때나 가능하다. 사랑이 영원한가? 이는 약속이나 맹세로 이루어내는 게 아니다. 그냥 그런 아름다운 관계가 세상에 존재하는 것이다.

## 호전성이 사랑으로 변환되는 비밀에 대하여

아프로디테의 남편은 헤파이스토스지만, 아프로디테의 짝으로는 자동적으로 아레스가 떠오른다. 비근한 예로, 한때 유행했던 『화성에서 온 남자 금성에서 온 여자』라는 책에 나오는 화성과 금성은 아레스와 아프로디테를 가리킨다. 가장 섹시한 남신이고, 또 가장 섹시한 여신이다.

아프로디테와 아레스는 기질적으로 닮아 있다. 두 신 모두 대단히 다혈질이다. 순식간에 달아오르고 정열적이고 발끈한다. 기질은 유사하지만, 둘은 확연히 다른 에너지의 소유자다. 평화와 전쟁, 욕망과 공격성, 부드러움과 거칢, 물과 불, 슈퍼 여성성과 슈퍼 남성성이다. 아프로디테의 세상은 부드럽고 우아하고 달달하고 향기롭지만, 아레스의 세상은 피로 물들어 있고 살육하고 파괴하고 불타는 전장이다.

그런데 이들이 상징하는 전쟁과 평화는 우리가 습관적으로 생각하듯 서로 대극일까? 그렇다면 전쟁의 부재는 곧 평화일까? 아니면 사랑의 승리가 평화일까? 전쟁과 평화를 대극으로 간주하는 것은, 이분법이 사고 체계를 오염시켜 현상에 대한 이해를 피상에 머물게 하는 구체적 사례일 것이다. 역사가 수 맨스필드Sue Mansfield는 기독교가 가장 평화를 사랑하는 종교라 해도, 의도와 달리 실제는 폭력이 가장 난무했던 종교라 했다. 9·11이 터졌을 때 놈 촘스키

Noam Chomsky는 제2차 세계대전 이래로 청교도의 나라 미국이 개입해 일으킨 전쟁이 100건이 넘는다고 규탄했다.

기독교가 도래한 이래로 아레스와 아프로디테에 대한 억압은 동시에 진행되었다. 이 기조는 오늘날까지 이어지는데, 종교가 틀어막고 억압한 두 원형적 주제인 전쟁과 사랑, 죽음과 구원은 시대별로 다른 모양새를 띠며 각종 소설과 회화, 드라마와 영화 같은 예술의 테마로 끝없이 회자된다. 가장 고태적인 원형들은 결코 사라진 적이 없으며 결코 사라지지도 않을 것이다.

이 시점, 역사를 통해 배울 교훈이 있다. 이들 두 원형적 에너지를 억압하는 방식으로 세상을 평화롭게 만들지는 못한다는 엄연한 사실이다. 아레스는 아프로디테의 강간범이 아니라 연인이라는 점을 기억하자. 아레스와 아프로디테 사이에서 사랑의 결실로 딸 하르모니아가 태어났다는 점을 우리는 너무도 쉽게 간과한다. 하르모니아는 둘 사이의 조화harmony, 즉 절묘한 균형을 의미한다. 아레스와 아프로디테의 '역설적인 균형감', 이는 현대인의 정신에서 매우 미발달한 주제라 각종 예술의 핵심 테마로 쉼 없이 대두되는 것이리라. 아프로디테와 아레스에 대해 '위험하니 틀어막자'가 종교인의 전략이라면, '막으려 들면 무정부 상태로 만나게 되니 제대로 알고 존중을 하자'가 심리학자의 모토다. 유사 이래 되풀이되는 수많은 드라마는 전쟁과 평화, 사랑과 죽음이라는 이 두 원형적 힘을 의식화하려는 무의식적 욕구의 표현일 것이다.

전 세계의 대도시들은 비행 청소년, 묻지마 폭력, 총기 난사, 살인, 강간 등으로 몸살을 앓고 있다. 이는 아레스의 공격성을 억압한 결과다. 공격성을 신체적 에너지로 표출할 길이 차단되면 무질서하게 폭력으로 터져 나온다. 비행은 폭력을 위한 폭력이고, 세상에 대한 반항이다. 인간 내면의 에너지를 사회가 수용하지 못한 채 억압으로 대처할 때 그 에너지는 사라지는 게 아니라 뒷구멍을 통해 우리에게 돌아온다는 것이 심리학의 그림자 이론이다. 이때는 걷잡을 수가 없어진다. 실제 이런 비행과 반사회적 표출에서는 아레스의 힘과 용기를 찾아볼 수 없다. 그냥 난동질이자 무질서일 뿐이다. 게슈탈트 심리학의 대가 프리츠 펄스Fritz Perls는 우리 시대의 핵심 억압은 성이 아니라 공격성이라 진단했다. 집단적 분노와 무력감의 폭발은 전쟁의 촉구로 이어지는데, 현시대는 마치 전쟁을 궁극적인 테라피로 간주하는 듯하다. 우리의 안위를 위해서라도 아레스에 대해 지속적인 탐색을 해야 할 것이다.

개인적으로 나의 공격성을 이해하고 수용하기 시작한 계기가 있었다. 내 삶을 이전과 이후로 나누는 획기적인 사건이었다. 이후에 나는 내 공격성을 쭈뼛쭈뼛 어정쩡하게 대하지 않으며, 스스로 공격성이 센 사람이라고 주저 없이 말한다.

10년쯤 전, 뉴욕에서 종교학자 앤 율라노프Ann Ulanov의 수업을 들었다. 수업의 읽을 과제 중에 에티 힐레숨의 편지가 있었다. 그녀는 제2차 세계대전 때 수용소로 끌려가 마지막에 가스실로 실려가는 순간까지 편지로 상황을 기록하고 증언한 젊은 유대인 여성이다. 수용소에 머무는 동안 가족이 한 사람, 한 사람 잡혀 들어왔고, 어느 때부턴가 이름이 불린 사람은 기차를 타고 떠난 뒤 다시는 돌아오지 않았다. 오늘은 내 가족 이름이 호명될까, 내일은 명단에 있을까, 노심초사하는 나날을 지내다가 아버지 이름이 호명된 날이었다.

이른 아침 플랫폼에 나무 판자로 객실 칸을 완전히 막은 기차가 있다. 곁에 나치 장교가 서 있는 장면을 에티는 막사 창을 통해 지켜본다. 그녀는 장교의 부츠 광택과 계급장의 반짝임까지 샅샅이 편지에 써서 바깥으로 보냈다. 이 대목에 대한 앤 율라노프의 표현이다. "이렇게 하려면 에티의 공격성이 나치 장교의 공격성보다 훨씬 커야 한다." 번개 한 방이었다. 히스테릭한 반응으로 총살을 당하는 대신, 이 비인간성을 버텨내면서 역사에 증언하는 힘이 바로 공격성에서 나오는구나!

인간이 동굴에서 생활하던 시절부터 거친 자연에 맞서고 야생 짐승에게 잡아먹히지 않으면서 살아남은 것도, 가장 귀한 것을 지키기 위해 목숨 걸고 싸우는 것도 공격성 덕분이다. 그렇다면 생명에게 마땅한 이 소중한 힘에 대해 나는 왜 있어서는 안 될 무엇처럼 떨쳐내려 하고 없는 척하며 살아왔던가? 위장 평화주의자이기를 포기하자 내 공격성에 자부심을 느끼게 되었다. 지금은 싸울 때 싸우고, 비겁하지 않으려 애를 쓴다. 두 발이 훨씬 단단하게 땅에

붙은 느낌이다. 그렇다고 두렵지 않은 것은 아니다. 두렵지만 용기를 낸다.

심리학적 관점에서 보면, 신이란 인간 마음의 특질을 의인화한 것이다. 이들이 내린 벌을 신경증과 정신병이라 부른다. 동서고금을 막론하고 신들은 잊히는 걸 싫어한다. 제주도 무속에 '잘 먹으면 잘 먹은 값 하고, 못 먹으면 못 먹은 표를 한다'라는 말이 있는데, 더도 덜도 아니고 딱 그렇다. 나는 내 마음의 모든 요소들이 의식화되기를 바란다.

현대인에게 가장 억압되어 있는 두 원형적 힘이 성과 공격성이다. 분노와 격정으로 가득한 아레스의 에너지를 억압하면, 기쁨과 부드러움이라는 아프로디테의 미소도 사그라든다. 생리학적으로도 웃음과 오르가즘, 증오와 사랑은 같은 근육의 움직임이라고 한다. 황소 같은 아레스가 아프로디테의 침상에 들면 순한 양이 된다. 호전성이 사랑으로 변형이 된다. 테라피 현장에서 억압된 공격성을 완화할 때 성적 욕망에 대한 금기도 동시에 해제되는 걸 자주 목격한다. 억압을 해서 뒷구멍에서 터져 나오는 비행과 폭력으로 소년원과 감옥을 늘리는 대신, 두 에너지를 안전하게 허용하는 장을 만들어내는 것이 공동체의 임무일 것이다. 또한 어떻게 한 에너지가 다른 에너지를 순화시키는지, 그 비밀을 푸는 것이 현 인류에게 주어진 과제다. 그것이 각자 그리고 우리 사회가 하모니를 되찾는 길이라는 통찰을 고대 그리스인들이 강변한다.

# 성과 속이 맞닿은, 아프로디테의 도시 코린토스

사랑의 도시, 상상을 넘어서는 풍요의 도시가 코린토스를 칭하는 수식이다. 그리스의 항해자들이 '모든 배가 코린토스로 가는 것은 아니다'라고 했을 만큼 코린토스는 꼭 한번 가보고 싶은 염원이자 이상향이었다. 에게해와 아드리아해를 잇는 코린토스운하가 일찍이 건설되었으니 통행세로 거둬들이는 부를 생각하면 시민들이 누린 호사와 사치가 상상을 초월했을 것이다. 이곳은 운하 건설 이전부터 부가 넘치던 곳으로, 로마제국에서는 다섯 번째로 번창한 도시였다. 아고라와 원형극장, 고고학 박물관에 보존된 조각상, 빌라에 장식된 모자이크 등을 보면 이 도시의 화양연화가 머릿속에 그려진다. 잘 언급되지는 않지만, 미식가들의 호사로도 유명했다고 한다. 한편 엄청난 부의 운명인지 코린토스만큼 부침이 심했던 도시도 드물다. 로마제국, 오스만제국, 십자군에다가 그리스독립전쟁까지 흥망성쇠의 잔해들이 온 땅에 즐비하다.

바다를 등지고 아고라와 아폴론 신전 기둥이 정면으로 바라보이는 자리에서 아크로코린토스를 올려다보면 심정이 복잡해진다. 바위산 꼭대기에 널려 있는 부침의 잔해 때문만은 아니다. 이 아름다운 자리에 서서 얼마나 많은 사람들이 저마다의 상상을 펼쳐냈을까.

일신관과 다신관은 다른 우주다. 세상을 보는 시각뿐 아니라 세상이 왜 이런 모양이고, 나는 왜 태어났고, 죽으면 어떻게 되고 같은 궁극적 물음에 대해 설명하는 문법과 코드가 다른 것이다. 코린토스를 탐욕과 성적 문란과 타락의 도시로 여긴다면, 고대 그리스의 다신관을 채색된 눈으로 보며 곡해하는 것이다.

살이 타들어가는 듯한 그리스의 뙤약볕 더위를 안다면, 하늘에 닿을 듯한 가파른 바위산 꼭대기에 있는 아프로디테 신전을 성적 욕구의 배출 장소로 상상할 수 있는지 의문이다. 열정과 탐욕과 감각의 여신이지만, 동시에 골든 아프로디테다. 신성에서 몸을 배제한 문명화로 인해 작금의 우리는 얼마나 고통받고 있는가? 포르노와 N번방과 룸살롱 같은 엽기는 몸과 성의 신성을 망각한 문화의 그림자이자 여신의 복수다. 아레스의 억압이 현재의 비행과 폭력으로 확인된다면, 아프로디테의 억압은 지금의 성적 기행과 혐오로 입증된다.

코린토스의 선창가에는 창녀들이 있었다. 항해자를 상대로 호객 행위를 했다는 증거도 있다. 몸 파는 여인이 없었던 가부장 사회는 존재한 적이 없고, 자기와 몸을 나눈 여인에게 수치심과 죄책감을 덧씌우지 않는 가부장 문화도 없다.

- 490년경 이탈리아 불치에서 제작된 그릇. 중년의 남성이 지켜보는 가운데 몸 파는 여인이 옷을 추스르고 있다. 대영박물관 소장.

그런데 분명히 짚고 넘어가자. 코린토스 선창가의 창녀들은 이방인과 과부, 고아와 노예였다. 그리스 시민이 아니어서 어떤 제도적 보호도 받지 못한 여인들이다. 이들은 나이가 들면 아프로디테 신전에 가서 거울과 장신구와 화려한 신발 등 모든 것을 내려놓았다고 한다.

그리스에는 헤타이라라고 불리는 여인들도 있었다. 음악가이자 무희이고, 아프로디테적 특질과 지성을 겸비한 최고의 예인이다. 헤타이라는 고도의 훈련을 받았고 엑스타시의 예술을 선보였다. 일부는 권력과 힘을 보유했는데, 대표적인 예가 아테네에 살던 프리네다. 테베의 성벽을 짓는 데 돈을 기부하면서 "알렉산드로스대왕이 파괴한 성벽을 프리네가 재건하다"라는 문구를 새겨 넣게 한 일화는 유명하다. 이들의 아름다움과 힘에 사람들이 충성을 바칠 정도였고, 어떤 왕들은 일생 이 여인들을 칭송했다.

아크로코린토스 최정상에 아프로디테 신전이 있다. 이 신전에 성의 세계로 인도하는 사제들이 있었다는 증거가 넘쳐나고 현재도 발굴이 진행 중이다. 그리스의 여자아이들은 아르테미스의 암곰 시기를 지나 성숙한 여인의 나이에 이르면, 아프로디테 신전에서 몸과 성과 섹스에 대한 통과의례를 치른다. 실제 신전에서 행한 통과의례의 내용은 그다지 알려진 바가 없다. 그러니 상상을 해본다. 내가 만일 사춘기를 지나는 시점에 이런 통과의례를 거쳐 여인이 되고 성에 입문했다면 어떠할까? 의심의 여지없이, 여인의 몸과

• 아크로코린토스의 초입. 지금은 폐허가 되었
지만, 이 험준한 산꼭대기에 아프로디테 신
전이 있었다. 골든 아프로디테도, 엑스타시의
비밀도 함께 사라져 잔해만 먼지로 흩날리고
있지만 말이다. © Wikimedia Commons: Elveoflight

성이 신성하다는 자부심을 품고 이를 존중하며 살았을 것이다.

한때 많은 여인들이 여신에게 최상의 것을 헌정하기 위해 아프로디테 신전이 있는 산꼭대기로 순례를 감행했건만, 현재 신전은 완전히 폐허가 되었다. 주변에는 모스크와 교회가 있고, 역사적 부침의 잔해들도 즐비하다. 신전이 파괴되고 여신의 사제들이 완전히 사라진 모습이 현대를 살아가는 우리의 내면 풍경에 대한 은유라면, 아득한 상실이 한없이 슬프다. 골든 아프로디테도, 엑스타시의 비밀도 함께 사라져 잔해만이 먼지로 흩날린다. 그 대가는 성과 몸이 사적인 영역으로 떨어져 세속화되어버린 우울한 현실이다.

근래의 심리학은 다시 몸의 가치를 중시하는 방향으로 나아가고 있다. 이성을 강조하던 인지 치료에서 감정과 정서를 다루는 방향으로 확장되었고, 이제는 감각을 다루는 치료 기법들이 활발히 개발되고 있다. 그리고 하루가 다르게 새로운 발견을 추가하는 뇌과학이 이를 뒷받침한다. 몸과 영혼, 종교와 섹스가 하늘과 땅의 간극만큼 멀어진 시대에 균형을 맞추려는 움직임이 자생적으로 일어나는가 보다.

저 멀리에는 파란 지중해 바다가 펼쳐져 있고 사방천지 금빛 햇살로 반짝이는 최고로 아름답고 숭고한 자리에 아프로디테의 신전을 건축했던 고대 그리스인들은 어떠했을까? 여신을 생명의 열정과 찬미라고 숭배했던 그리스다. 이들에게 하늘과 땅, 몸과 영성, 성과 속은 뗄 수 없는 것이었다. 성적 접촉이 가장 심오한 자신을 만나는 개성화의 한 길이라는 지혜도 간직했었다. 코린토스는 풍요와 감각과 문명을 향유하던 도시이자 동시에 신성한 체험으로 영혼이 비옥해지던 도시였다. '일생 단 한 번만이라도'의 꿈들이 건축한 도시이자 삶이 다시 잔치로 거듭나는 꿈 속 도시였다.

## 우아하고 풍요로운 삶을 위하여

어린아이들의 까르르 넘어가는 웃음, 물기 잔뜩 머금은 달콤한 과일, 흐드러지게 제 모습을 뽐내는 화려한 꽃, 잔잔하게 가슴을 쓰다듬는 음악, 이 모든 것이 아프로디테의 선물이다. 여신을 존중하는 공간은 달달한 평화와 나른한 여유가 넘실댄다. 아기들처럼 놀이와 웃음을 사랑해서 공기가 달뜨고 장난기가 살아나고 그저 흥겹다.

아프로디테를 존중한다는 것은 자신을 숭배하거나 자기 아름다움을 뽐내는 것이 아니다. 자연은 놀라운 아름다움으로 계절마다 우리를 유혹한다. 두려움을 내려놓고 그 유혹에 응하는 용기를 낸다면, 코스모스가 잉태한 '심미적 변형의 힘'이 나를 바꿔놓을 것이다. '삶을 더 우아하고 풍요롭게'가 여신의 모토다. 이 땅과 나의 일상을 순수한 기쁨으로 채우고 문화가 빚어낸 품격이라는 호사를 맘껏 누리는 비법을 여신 아프로디테가 선사한다.

나는 기꺼이 여신의 사제가 되려 한다.

# 헤스티아
## Hestia

세상의 중심은 어떻게 유지되는가

안방 아랫목은 가족이 옹기종기 모여드는 자리이고, 한데서 들어오면 얼어붙은 손발을 녹이려고 이불 속으로 손부터 묻던 곳이다. 늦게 돌아오는 식구를 위해 밥그릇을 묻어두기도 했다. 따뜻한 온기가 있는 집, 가족이 모여들어 정담을 나누는 자리에는 늘 헤스티아 여신이 머문다. 화로의 여신, 구들목의 여신, 가정의 여신이다.

온돌이 사라진 현대 아파트에도 식구들이 둘러앉아 그날 있었던 이야기를 소담히 나누는 자리가 있다. 식탁일 수도 있고, 거실이나 텔레비전 앞일 수도 있다. 가정에 따뜻한 온기는 반드시 필요한데, 불을 지핀 뒤 그 주위에 둘러앉아 음식을 나누고 공동체의 신화를 이야기하며 '우리'가 끈끈해지는 경험은 인간이 불을 안전하게 집으로 들인 이래로 이어져 내려온, 인간을 인간으로 만드는 핵심 이미지다.

불은 따뜻한 열기를 제공할 뿐만 아니라 날것을 조리하는 데도 반드시 필요하다. 조리의 발명은 진화의 엄청난 도약과 연결되는데, 영양 섭취율을 높여서 급격한 두뇌 발달로 이어지기 때문이다. 처음 인간이 만난 불은 번개든 산불이든 거칠고 무시무시한 야생이었다. 이 불을 순치시켜 집 안 아궁이나 난로, 등잔으로 안전하게 들여 간직하고 보존하는 행위는 혁명이었다. 세계의 수많은 신화들에서 집 안의 불은 여신의 선물이었고, 동서양을 막론해 집에 불씨를 꺼뜨리지 않고 보존하는 일은 여인의 몫이었다.

고대 그리스의 정치적·사회적·종교적 삶에서 헤스티아의 비중은 결코 작지 않다. 여신에게는 특별한 광채가 없다. 눈길을 사로잡는 이미지도 없다. 하지만 올림포스의 어떤 신들과 견주어도 그녀에 대한 그리스인의 존중이 덜하지 않았다. 변화도, 극적 드라마도 없으니 여신에게는 아무 일도 일어나지 않는다. 그렇지만 집집마다, 또 도시마다 그 중심인 옴파로스는 헤스티아의 자리였다. 누구든 그곳에 들어서면 즉각 여신의 힘을 인식할 수 있었다.

그리스에서는 최고 엘리트의 딸들을 헤스티아 신전으로 보내 사제가 되게 했다. 이는 대단한 영예였다. 로마 시대에는 베스타 숭배가 유사한 역할과 기능을 했는데, 베스타 사제는 헤스티아 사제와 마찬가지로 처녀일 뿐만 아니라 서른이 되어 그 섬김을 마칠 때까지 엄격한 규칙을 지켜야 했다. 헤스티아는 늘 그 자리에서 불을 지키지만, 다른 도시를 점령할 때는 오늘날 성화 봉송을 하듯 불을 옮겨 붙였다. 이는 어머니 도시가 정복 도시와 동맹을 맺는다는 뜻이었다. 헤스티아의 불로 맺은 동맹이라 보호와 안전이 보장되었다. 영토를 거대하게 확장한 로마제국도 베스타의 불을 모태 도시에서 정복 도시로 옮겨 붙여 동맹과 결속을 다졌다. 이는 연장된

• 기원전 2세기경 로마에 건축된 베스타 신전.
현재까지 남아 있는 몇 안 되는 베스타 신전
인데, 다른 신전에 비해 매우 소박하다. 사진
은 1852년경 프랑스의 사진가 외젠 콩스탕이
촬영한 것이다. 메트로폴리탄미술관 소장.

가족이라는 의미였다.

헤스티아의 불은 절대 꺼뜨리면 안 된다. 특별한 의례 때 예외적으로 불을 껐는데, 애도의 순간이 그런 경우다. 가족의 죽음이나 해체 혹은 가족이 살던 터전을 버리는 경우, 불은 꺼진다. 반면 일상에서 헤스티아의 불이 꺼진다는 말은 그 자체로 비극을 뜻한다. 가족을 돌보는 데 실패했고, 폴리스 차원에서는 공동체의 의무를 지키는 데 실패했다는 뜻이다. 역사에서 보면 페르시아가 전쟁을 벌여 아테네를 침공했을 때 점령군들이 헤스티아의 불을 꺼뜨린다. 후에 그리스인이 아테네를 탈환하자 재점화가 이뤄지는데, 델피의 헤스티아 신전에서 불을 가져오는 대단히 복잡한 의례가 거행되었다.

헤스티아는 레아와 크로노스의 맏딸로 데메테르, 헤라와 함께 올림포스의 첫 세대 여신이다. 앞서 언급했듯이 크로노스는 자식이 태어날 때마다 즉시 삼켜버렸는데, 제우스가 아버지 뱃속에 있는 형제자매들을 토해내게 만들었을 때 헤스티아는 맨 나중에 토해졌다. 크로노스가 맨 먼저 삼켰기에 맨 나중에 토했으니, 맏딸이자 막내딸이다. 헤스티아는 아프로디테의 영향력이 미치지 않는 여신 중 하나인데, 포세이돈과 아폴론이 청혼했을 때 거절하면서 영원히 처녀로 남겠다는 맹세를 한다. 이에 제우스는 헤스티아에게 올림포스의 화롯불을 관장하도록 명한다.

헤스티아는 조각상도 별로 없고 신화에도 거의 등장하지 않는다. 장엄한 신전도 없다. 하지만 그리스인이 일상에서 가장 자주 예를 표하던 여신이다. 크레타섬에 있는 초기 신전들은 헤스티아를 중심으로 건축되었다. 또한 델피의 아폴론 신전 내부에도, 아테네의 디오니소스 극장에도, 이타카에 있는 오디세우스의 거실에도 헤스티아의 불이 타오르고 있다. 그리스에서 의례나 잔치를 할 때면 첫 잔과 마지막 잔의 건배사는 언제나 '헤스티아를 위하여'였다. 여신은 결코 집을 떠나지 않는다. 자연히 다른 신들과 교유한 일화도 거의 없다. 그러니 헤스티아에 대한 탐색은 신화로도, 지상에 남겨진 유물로도 접근이 쉽지 않다.

드물게 묘사된 예술 작품에서의 이미지를 보면, 여신 헤스티아는 평범한 나무로 만든 옥좌 위에 고요히 앉아 있다. 머리에 베일을 쓰고 숙고하듯 겸허한 자태로 가만히 지팡이를 들고 있기도 하다. 다리는 마치 땅

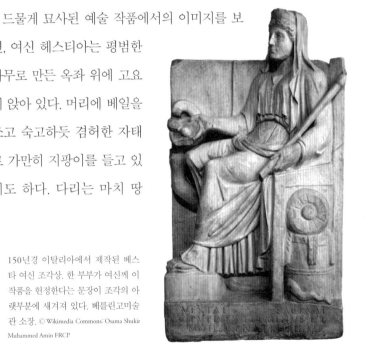

- 150년경 이탈리아에서 제작된 베스타 여신 조각상. 한 부부가 여신께 이 작품을 헌정한다는 문장이 조각의 아랫부분에 새겨져 있다. 베를린고미술관 소장. © Wikimedia Commons: Osama Shukir Muhammed Amin FRCP

에 박힌 듯 미동도 없이 굳건하다. 앉아 있든, 서 있든 움직임이 없어 보인다. 여신의 풍모는 단순하고 겸손하고 위엄 있다. 가시적이지도 않고 극적 이야기도 없지만, 그녀는 각 가정과 사회와 나라의 옴파로스이자 공동체 질서의 핵심이다. 이제 헤스티아 여신을 만나러 그 중심으로 들어가보자.


## 온기를 지키려면 정성을 들여야 한다


지구, 집, 몸에는 중심이 있다. 중심은 움직이지 않으며, 에너지가 중심을 향해 움직인다. 집의 중심인 여신 헤스티아는 집을 떠나는 법이 없다. 그 대신 우리가 여신에게로 향하는데, 늘 한자리에서 한결같기에 안정감을 준다.

헤스티아는 화로의 불이다. 가족이 따뜻하게 모여드는 이 자리는 편하고 안전하다. 온기에 얼은 몸이 녹듯, 바깥에서의 만남이나 일에서 오는 긴장이 누그러진다. 따스함이 스며들어 몸이 늘어지고 마음도 풀어진다. 옷매무새가 구겨지고 자세가 흐트러져도 괜찮다. 구들의 구심력은 더 강력한데, 여기에서는 저절로 퍼질러 앉게 되고 뒹굴뒹굴하는 게 자연스럽다.

이 평범하고 마땅한 자리가 결핍으로 각인된 이들이 있다. 이런 사람들은 헤스티아의 이미지를 일생 동경한다. 엄마가 주방에서

일하는 소리를 들으며 거실에서 뒹굴뒹굴 발가락을 빨고 몸을 가지고 노는 갓난쟁이 조카를 보면서 질투가 올라오더라고 말하는 성인이 있다. 저런 편안함이 자신의 기억에는 없다는 것이다. 텔레비전에서 걸그룹 멤버 한 명이 네댓 살 무렵에 찍은 홈 비디오 장면이 나오는데, 온몸에서 사랑받는 아이라는 느낌이 풍겨 한없이 부러웠다는 이가 있다. 크면서 한번도 집을 편한 곳으로 느껴본 적이 없다며 성인이 된 뒤 자기 집만큼은 편하게 만들겠다고 안간힘을 쓰는 이도 있다. 헤스티아 결핍은 나이와 무관하게 한 사람이 어찌할 수 없는 커다란 빈자리인가 보다. 어린 시절을 바꿀 순 없지만 테라피를 통해 어린 시절 '내 집'과 '내 모습'으로 저장하고 있는 이미지를 바꾸는 것은 가능한데, 이 연금술 과정은 오랜 인내를 요한다.

정서적 온기와 안전은 마음에서도 중심인가 보다. 중심이 비었다는 말은 삶의 모험을 펼쳐낼 원심력 또한 취약하다는 말이다. 헤스티아가 그 탄생에서 맏딸이자 막내딸이었던 은유는, 한 사람의 처음이자 궁극적

• 그리스 델피의 고고학 유적지에서 발견된 대리석 기념물, 옴파로스 스톤. 고대 그리스인들이 '지구의 배꼽', 즉 세계의 중심으로 상정한 곳에 놓아둔 돌이다. 델피 고고학박물관 소장. ©Wikimedia Commons: Helen Simonsson

회귀가 자궁이든, 집이든, 고향이든, 무덤이든 결국 헤스티아의 온기에 가닿아 있다는 뜻이 아닌가 한다.

헤스티아가 거주하는 자리는 평화롭다. 그러하기에 플라톤은 "신들이 모두 싸우는데 헤스티아만 나타나지 않았다"라는 말을 했나 보다. 헤스티아는 싸움에 연루되지 않을뿐더러 그녀의 자리는 평화와 안전이 보장되는 신성한 곳이다. 이방인일지라도 이 자리에 초대되면 그는 보호받는다. 각 가정뿐 아니라 폴리스에서도 마찬가지다. 달리 말하면 신성한 망명의 자리인데, 여기에 초대된다는 말은 곧 정치적·사회적 면책이 주어진다는 뜻이다. 마치 단군신화에 나오는 소도와 같은 자리일 것이다. 이와 같은 헤스티아의 공공적 자리는 본래 시민들에게 열려 있었다. 시민들은 이곳에서 현자의 조언을 듣거나 상담을 받음으로써 마음의 중심을 회복하고 방향감을 되찾았다.

2021년 8월, 아프가니스탄에서 미군이 철수한 뒤 한국군에 협력했던 아프간인들을 '특별기여자' 지위로 한국에 입국시켰다. 이들의 기적적인 탈출 과정은 픽션보다 더 짙게 밀려오는 감동의 드라마였다. 집도, 나라도, 안전도 잃어버린 절박한 사람들을 헤스티아의 자리로 초대하여 온기를 베푸는 걸 보면서 이 땅에 사는 사람으로서 자긍심을 느꼈다. 따뜻하고 안전한 자리를 내어주는 배려가 사람다운 것이구나 싶었다. 이 땅에 정착하든, 다른 나라로 가든 아직 내 집으로 느끼기에는 갈 길이 멀 것이다. 이들이 각자 자신의 헤스티아를 찾길 바란다. 아울러 헤스티아의 자리로 초대했다는 말은 연장된 가족을 뜻한다는 점을 이 땅에 사는 우리가 잊지 않았으면 한다. 헤스티아의 공공적 자리는 지금도 이렇게 작동하고 있다.

사람이든, 가족이든, 지구든 중심에는 불이 있다. 불은 위험하지만, 우리에게는 이 불의 온기가 필요하다. 이를 유지하는 것이 바로 헤스티아다. 화로든, 온돌이든, 오븐이든, 따스함이 유지되려면 보듬어 지키려는 정성을 들여야 한다. 우리 집의 헤스티아는 어디이고, 어떻게 지켜지고 있는가? 공동체의 헤스티아는 또 어떠한가? 가정과 공동체의 가치를 조명해보려 한다면 반드시 화로의 여신 헤스티아를 살펴보아야 할 것이다.


## 건강한 거리가 확보될 때 평화가 찾아온다

헤스티아가 사방 문을 활짝 열어 모든 이를 환영한다고 생각한다면 크나큰 착각이다. 여신이 거주하는 자리의 평화와 안전은 철저히 통제된 결과다. 그녀는 아무나 문 안쪽으로 들이지 않는다. 들어오지 않아야 할 이에게는 단호하게 안 된다고 말하고서 문고리를 걸어 잠근다. 사실 우리 사회는 누구라도 환영해야 할 듯한 부담감이 적지 않다. "우리가 남이가"라며 쉽게 뭉치는 데 익숙해서인지,

이웃을 사랑해야 한다는 종교적 책무 때문인지, 그도 아니면 대가족이 모여 살던 옛 기억이 남아 핵가족 시대의 현실에 적응이 덜 된 탓인지 모르겠다.

헤스티아는 안과 밖을 선명하게 구분한다. 그리스 표현으로는 헤스티아가 끝나는 지점이 헤르메스가 시작되는 지점이라고 말한다. 그리스인은 안과 밖을 아예 다른 신의 영역으로 구획했다. 이 안팎을 구분하는 경계를 심리학에서는 '바운더리boundary'라고 한다. 우리 문화는 바운더리 개념이 미발달한 탓에 곡해를 많이 한다. 일상은 어디까지가 환대이고 어디까지가 침범인지 뒤범벅되어 있다. 공간이든, 몸이든 건강한 거리가 지켜지지 않으면 물리적·심리적·성적 갈등이 야기될 수밖에 없고, 폭력의 발생 빈도도 커진다.

바운더리 없음은 트라우마 희생자들에게 전형적으로 나타나는 증상이다. 트라우마란 급작스럽게 너무 센 충격이 몸에 박혀 세월이 흘러도 소화도, 해소도 되지 않는 상태인데, 트라우마 자체가 침범 사건이다. 헤스티

• 천상과 지상과 지하를 자유롭게 돌아다니는 헤르메스도 헤스티아의 경계를 함부로 넘나들진 못했을 것이다. 기원전 480~470년경 그리스에서 제작된 테라코타 도자기. 날개 달린 신발을 신은 헤르메스의 모습이 보인다. 메트로폴리탄미술관 소장.

아의 부재이기도 하다. 트라우마가 밀어닥치는 순간, 바운더리가 파괴된다. 그러니 트라우마 희생자라면 절대 타인의 경계를 함부로 침범하지 않으리라 생각하지만, 실은 정반대다. 이들을 관찰해보면 과한 허용과 침범이 일상인데, 트라우마로 인해 안전한 바운더리에 대한 감각이 손상되었기 때문이다.

바운더리를 명확히 인지하고 이를 지키는 감각을 익히지 못한 이들은 극명하게 대비되는 양극단의 태도를 보인다. 하나는 사방문을 열어놓고 누구든 거절하지 않는 것이다. 어차피 침범될 것이니 아예 경계를 만들지 않겠다는 결정이다. 누군가 자신을 필요로 한다면 24시간 기꺼이 도울 준비가 되어 있다고 선포하는 사람이라면 스스로 트라우마 치료가 필요한지 진지하게 생각해보아야 한다. 이와 상반된 태도는 높은 담을 쌓아 올려 과한 방어 태세를 취하는 것이다. 자기만의 성벽을 쌓고 타인의 접근을 금지하는 이들은 종종 자신이 선명한 바운더리를 갖고 있다고 착각한다. 두 쪽모두 극단이고, 바운더리 개념이 취약한 경우다. 바운더리는 건강하고 성숙한 관계를 맺는 데 필요한, 적절하면서도 필수 불가결한 거리를 전제로 하는 개념이다.

오래전 농민운동을 하는 아버지를 둔 어떤 가정을 방문한 적이 있다. 그 집에 초등학생과 중학생 자녀가 있었는데, 이들은 아버지 친구들이 와도 인사는커녕 내다보지도 않았다. 아이들 입장에서 아버지 친구들은 밤새 술판을 벌이고, 공부를 방해하고, 시끄러워

잠도 못 자게 만드는 침입자일 뿐이었던 것이다. 가장은 좋은 뜻으로 손님을 초대했을 것이다. 그런데 생명을 살리려는 운동을 하면서 자식들 마음의 깊은 생채기는 보이지 않으니, 훌륭한 철학이 참으로 공허해보였다.

사실 이 아이들의 고통은 공동체 운동가나 성직자의 자녀들, 그리고 시설에서 성장하는 사람들이 빈번히 호소하는 것이다. 내 방, 내 자리, 내 장난감, 내 평화, 내 것이 제대로 보호되지 않는 환경에서 '나눔'과 '함께'와 '하나 됨'이 마땅한 덕목으로 강조되다 보면, "내 거야" "이걸 원해" "나는 이게 필요해"라는 말을 꺼낼 때 죄책감을 느끼게 된다. '우리'나 '함께'라는 가치를 진정으로 존중하기 위해서라도 헤스티아에 대한 제대로 된 이해가 절실히 필요하다. 선명한 경계 없이 건강한 관계는 존재하지 않으며, 안에서 자유롭게 빗장을 걸 수 없다면 가정이나 공동체의 온기는 결코 지켜지지 않는다.

헤스티아의 자리는 문고리를 확실히 통제하기에 지켜진다는 점을 명심하자. 대문을 닫고 방문도 걸어 잠그는데, 내부의 따스함과 안에 들인 사람들의 평화와 안전을 지키는 것을 최우선 가치로 삼기 때문이다. 이 안락하고 신성한 자리를 지키는 데 있어 헤스티아는 단호하고 용감하다.

# 모두를 모아내는 구심점으로서의 여신

소담한 밥상과 넉넉한 잔치 마당에도 헤스티아가 함께한다. 먹고 마시면서 푸짐해지는 음식 호사는 여신 데메테르의 선물이다. 그렇지만 식탁이나 잔칫상에 둘러앉아 모두가 좋은 시간을 보내는 자리에는 헤스티아가 거주한다. 오감으로 즐기는 맛과 향연, 주고받는 눈길과 말맛의 향유, 이런 것들은 삶에 포만감을 주고 그 분위기만으로도 공기가 진동한다. 이 삶의 희롱에 아프로디테도 한 자리를 차지할 것이다. 헤스티아의 경우, 혼인과 가족 그리고 공동체의 응집력에 주요한 기여를 한다. 헤라가 결정권이나 힘의 역학에 관심을 둔다면, 헤스티아는 가족 구성원의 모든 관심사를 한자리에 모아 펼쳐낸다.

'같이 밥을 먹는다'는 것은 단순히 허기를 채우거나 필요한 영양을 섭취하는 행위 이상의 것이다. 맛있는 밥상이 펼쳐질 때면 풍요로움이 느껴지고 여유가 나누어진다. 어릴 때는 프랑스인들이 다섯 시간씩 저녁을 먹는다는 말이 의아했는데, 유학 시절 밀린 숙제나 시험을 끝내고 마음에 쪼들림이 없을 때 친구와 서너 시간 늘어지게 밥 문화를 누리곤 했다. 밥보다는 베이글과 크림치즈와 커피 한잔이 전부였지만, 당시의 가장 큰 호사 중 하나였다. 질긴 베이글을 함께 씹으며 나누었던 우리의 이야기는 시시껄렁한 게 대부분이었을 텐데, 그럼에도 그 시간은 최고의 만찬으로 기억된다. 나는 맛있는 음식보다 유치함이 서로 통해 말놀이 호사를 주고받을 수 있는 친구와 함께하는 시간이 훨씬 소중한 사람인가 보다.

어떤 가정에 정성스럽게 준비한 식사를 맛있게 나눠 먹으면서 함께 이야기를 주고받는 그림이 빠져 있다면, 그 가정은 결핍을 의심해봐야 한다. 우리 사회는 패스트푸드를 비롯해 주문 음식, 외식 산업이 대단히 발달했지만, 이런 편리함이 결코 채워줄 수 없는 지점이 있다. 가정에서 식탁이 무너지면 헤스티아의 자리도 위태로워진다. 청소년의 방황, 가정의 와해 등은 헤스티아의 구심점이 약하다는 표식이다. 집이 잠만 자는 호텔로 전락하면 가족의 중심이 비게 되고 가족 간의 관계가 피상적으로 변한다. 마르쿠스 키케로의 말처럼, 아픈 영혼은 늘 배회하는 법이다.

각 가정에서 벌어지는 일이 공동체나 국가에서도 유사하게 일어나는데, 여기에서도 문제는 모두가 모여드는 중심으로서 헤스티아의 자리가 취약한 데서 비롯된다. 어떤 식으로든 헤스티아가 변색되거나

• 기원전 470년경 그리스에서 제작된 청동상을 2세기경 로마에서 본떠 만든 헤스티아 대리석상. 이 여신은 모두가 모여드는 중심을 굳건히 지켜내는 존재다. 빌라토를로니아박물관 소장.

훼손되거나 부정적으로 변하면, 평화와 온기 대신 무질서와 외로움이 엄습한다. 구심력이 약해진 자리에는 친밀함의 경계도 없고, 안전을 지키는 보호 벽도 사라지고, 영혼을 위한 음식도 없으며, 흥겨운 잔치는 더더욱 벌어지지 않는다. 헤스티아의 손실은 가정과 공동체와 국가에 심각한 위협이 된다. 구심력과 응집력을 구축해 '서둘러서 돌아가고 싶은 집'을 건축하는 것이 진정 헤스티아를 존중하는 길이다.


## 안정성과 이동성의 건강한 순환을 꿈꾸며


그리스 신들의 세계는 한 신의 짝을 누구로 보느냐, 즉 관계 지음을 살펴봄으로써 다른 깊이에 다다를 수 있다. 각각의 신은 고유하고 독특한 세계를 드러낸다. 하지만 어떤 신도 독자적으로 존재하지 않는다. 실제로 그리스에 가보면, 한 신전만 우뚝 서 있는 경우는 거의 없다. 그리스의 땅끝 수니온에 있는 포세이돈 신전 바로 옆에서 아테나 신전이 발굴 중이고, 델피의 아폴론 신전 내부에는 헤스티아 신전이 있으며 근방에 고대 극장이 있다. 또한 델피의 산 초입에 있는 아테네 신전을 거쳐야만 아폴론 신전에 갈 수 있다. 심리학적으로 표현하자면, 각기 고유한 원형이 상호 연결된 시스템 안에 배치되어 있는 것이다.

앞서 언급했듯이 헤스티아가 끝나는 자리가 헤르메스가 시작되는 자리다. 달리 말하면 헤스티아와 헤르메스는 서로 가장 상반된 느낌을 주는데, 이 시점에서 이 둘을 한번 엮어서 살펴보자. 집의 안팎을 선명하게 물리적으로 구획하듯, 두 신의 특질도 확연한 대조를 보인다.

헤스티아의 다리는 반듯하고 곧아서 여신은 마치 기둥 같다. 발이 땅에 고정된 듯 미동도 않는다. 반면 헤르메스는 똑바로 서 있는 법이 없다. 항상 기우뚱한 자세로, 발끝을 들고 어디로든 튈 준비가 되어 있다. 한쪽 신발에 날개까지 달렸으니 땅보다는 공기와 더 친해 보인다. 가볍고 기민한 헤르메스는 천상과 지상을 비롯해 지하까지 그의 힘이 미치지 않는 곳이 없다. 그래서 제우스의 전령인가 보다. 여행자의 신이자 무역의 신이고 외교의 신이다. 헤르메스는 길거리든, 시장이든, 공공장소든 어디서나 만날 수 있다. 반면 헤스티아는 집 안에 머문다. 이방인의 침입으로부터 가족을 보호한다. 헤르메스는 늘 새롭고 변화하지만, 헤스티아는 영속성과 한결같음이 그녀의 정체성이다.

그런데 안팎을 상호 배타적인 단절로 보기보다 연속적 흐름으로 상상해보자. 우리네 일상이 그러하다. 집에서 출발해서 일터로 나가고 외부 활동을 하다가 집으로 돌아온다. 몸이든, 공간이든 안에서 바깥으로, 바깥에서 다시 안으로 도돌이표처럼 이어진다. 마음 안에서 벌어지는 일과 외부 활동, 즉 내면 세계와 가시적 세계 또한 마찬가지다. 삶은 마치 뫼비우스의 띠처럼 헤스티아와 헤르메스가 순환하는 양면성을 보인다.

몸동작을 통해서도 이 둘의 협연을 살펴보자. 안정성과 이동성은 리듬을 타면서 하나에서 다른 하나로 이어지고, 하나가 다른 하나를 활성화한다. 발레리나의 회전 동작을 보면, 먼저 발을 바닥에 단단히 붙인 다음 회전을 하고 다시 발을 단단히 붙이는 자세를 반복한다. 몸에서도 한 부분을 움직이려면 다른 부분은 안정성이 있어야 한다. 한쪽에 단단히 뿌리를 내려야 다른 쪽이 자유롭고 편안하게 움직일 수 있는 것이다. 그러니 몸놀림에서 안정성과 이동성 혹은 견고성과 유연성은 배타적이지도, 독단적이지도 않다.

이런 양면적 순환성의 리듬을 인생행로에 대한 은유로 생각해보자. 생애 초기에는 안정성 확보가 중요하다. 이때는 그저 누워만 있다. 하지만 뒤집기를 정복하면 곧 기는 걸 마스터한다. 직립보행을 하면서부터 활동 반경이 매우 넓어지는데, 뜀박질을 하다가도 돌아서서 엄마가 있는지 확인하곤 한다. 모험의 반경이 더욱 커져가지만, 잘 때면 어김없이 엄마 품으로 되돌아온다. 이 이미지는 인생 초기뿐만 아니라 일생에 걸쳐 되풀이되는 듯하다.

그런데 만일 헤스티아의 자리가 미약하다면 어떤 인생행로를 그리게 될까? 두 방향의 다른 모양새를 보이기 쉽다. 하나는 집이든, 부모님이든 그 그늘을 벗어나지 못하는 것이다. 이는 자기 삶을 살아가는 데 필요한 것을 탐색하는 에너지가 미약한 경우다. 중심이 부실하니 그마저 흔들릴까 싶어 세상으로 나갈 수가 없나 보다. 심리학을 한다는 의미는 세상에 드러나는 어떤 현상이든 공감을 해야 하기에, 나는 집에서 나가는 걸 마치 태산을 움직이는 것만큼 힘들어하는 사람의 고통을 이해하기 위해 공중에 떠 있는 우리에서 개가 사육되는 장면을 상상해보곤 한다. 발을 내밀면 땅이 나를 같은 무게로 지탱해준다는 지지감을 느껴본 적 없는 개들은 땅을 딛고 설 엄두조차 내지 못할 것이다. 결코 자신의 모험을 하지 못하는 이들의 불안은 이만큼 크고 깊으리라.

심리학에서는 이를 부모와의 애착 문제로 볼 것이다. '부모 말 안 들으면서 잘되는 인간 못 봤다.' 이런 메시지까지 주입당하면서 성장했다면 상황은 더 가혹하다. '부모은중경父母恩重經'을 왜곡하는 나르시시스트 부모의 가스라이팅을 당한 셈인데, 이 같은 호소를 하는 내담자가 드물지 않다. 이런 부모 아래에서 자란 자녀들은 일생 안전하지 않다고 여기는 자신의 세상에서 무중력과 씨름을 벌인다.

헤스티아의 자리가 미약할 때 하게 되는 또 다른 선택은 아주 멀리 떠나는 것이다. 집이 제일 안전하지 않다고 느끼는 경우다. 따뜻한 품이 없었고 정서적 지지나 격려도 부족한 환경에서 자랐을 때, 이 또한 자기를 지키는 선택이다. 가족의 알코올중독, 가정폭력, 언어폭력, 성차별, 불화, 심각한 자기애 등이 그 원인으로 도사리고 있다. 부모나 관습에서 자유롭고자 이민을 택하기도 하고, 중력에서 해방되려고 초월적·관념적 세계에 탐닉하기도 한다. 이러한 대표적 인물이 자신의 책 제목처럼 평생 '어린 왕자'일 수밖에 없었던 앙투안 드 생텍쥐페리다. 어머니와 땅으로부터 멀어져 피터 팬처럼 살다가 결국 비행기 사고로 우주 미아가 되었다. 헤스티아의 자리가 없는 집이라면, 즉 난롯불이 꺼져 있거나 불이 위협이 되는 집이라면 그 집을 멀리 떠나는 것 또한 현명한 선택일 수 있다.

이 지점에서 헤스티아와 헤르메스의 건강한 순환성을 시사하는 이미지로 영원한 고전 『오디세이아』가 떠오른다. 주인공 오디세우스는 트로이전쟁에 참전하느라 10년, 이타카에 있는 집으로 돌아오느라 10년, 도합 20년간 세상을 떠돈다. 귀향을 막으려는 포세이돈의 노여움으로 각종 시련이 닥치지만 그 가운데서 오디세우스의 삶은 놀라운 모험으로 채워진다. 때때로 고향 생각은 잊고 중도에서 새로운 삶을 펼치자는 유혹의 소리도 들려온다. 세월에 지쳐서 포기할 만도 하건만, 오디세우스는 운명의 실타래가 엮어내는

• 오디세우스가 집으로 돌아왔건만 페넬로페는 풍상에 찌든 그를 알아보지 못한다. 바닥에 걸터앉은 오디세우스가 탄식에 빠진 아내를 지켜보고 있다. 기원전 460~450년경 그리스에서 제작된 테라코타. 메트로폴리탄미술관 소장.

대로 자신의 여정을 완결한다. 『오디세이아』라는 대서사시의 마침표를 찍은 것이다. 근 3000년이 지난 오늘날에도 오디세우스는 여성성과 남성성이 균형을 이룬 가장 성숙한 인간상이자 영감을 주는 특별한 영웅으로 거론된다.

그렇다면 신조차 막지 못한 오디세우스의 불굴의 의지는 어디서 비롯된 것일까? 이는 맨 마지막 장면에서 명확히 확인할 수 있다. 마침내 집으로 돌아왔건만 아내 페넬로페는 20년 풍상이 몸에 새겨진 오디세우스를 알아보지 못한다. 낮에는 천을 짜고 밤에는 짠 천의 실을 풀며 베틀 앞에서 남편을 기다려온 페넬로페다. 그녀는 남루한 나그네가 진정 오디세우스인지 확인하는 질문을 던지는데, 이는 둘만의 내밀한 자리인 부부 침대에 대한 것이다. "침대 위치를 옮겼나요?" 그 침대는 오디세우스가 집 안에서 자라던 올리브 고목의 가지 일부만을 잘라 손수 만든 것이라 여전히 나무의 본체는 땅속 깊이 뿌리를 박고 있다. 밑동을 잘라내기 전에는 절대 움직일 수 없는 침대라는 걸 오직 둘만 알고 있다. 이곳이 이들의 헤스티아가 머무는 자리다. 이보다 더 굳건하게 헤스티아를 묘사할 이미지가 있을지, 이 장면을 읽을 때마다 감탄한다.

헤스티아의 다리에 해당하는 고목의 둥치는 땅에 단단히 박혀 있다. 나무의 나이만큼이나 뿌리가 깊이 땅속에 뻗어 있을 것이다. 이 나무는 이들이 태어나기 훨씬 전부터 오랜 세월 그 자리를 지키고 있었을 터. 진노한 포세이돈이 휘몰아치는 폭풍우를 일으켜 거듭 오디세우스의 배를 난파시키지만, 집으로 향하는 오디세우스의 의지는 결코 흔들리지 않는다. 이 불굴의 집념은 헤스티아의 굳건함과 변함없는 안정감에 기반한 것이리라. 세태는 빠르게 변하지만, 인간이란 한결같이 그 자리 그대로인 무언가를 갈망하는 존재다.

혹 페넬로페는 집안을 지키고 오디세우스는 집 밖 세상을 모험한다는 식의 고정관념을 떠올리면서 나는 세상을 떠돌 테니 너는 집을 굳건히 지키라고 말한다면, 오해의 소치다. 신화는 실체를 제한하고 한계 짓는 게 아니라 인간의 상상력을 풍요롭게 만들고 사고를 심화한다. 헤스티아의 성향이 강한 남성이 있을 수 있고, 헤르메스의 성향이 강한 여성이 있을 수 있다. 인간은 자신의 운명이 길쌈하는 대로 본인 삶에 응답하며 자기 앞에 펼쳐진 고유하고 장엄한 모험을 완성하는 각자의 오디세이아를 할 따름이다.

이때 자신의 대서사시를 가능케 하는 첫 자리이자 마지막 귀결지가 따뜻하고 안정된 헤스티아의 거처인 것이 안심이 된다. 안정과 모험, 항구적인 것과 변하는 것, 헤스티아와 헤르메스는 경계는 분명하되 상호 배타적이지 않다. 두 힘 모두 충분히 길러지고 지켜지고 굳건할 때, 용기를 내고 모험을 감행하고 삶을 완결할 수 있는 든든한 토대가 되어준다.

# 중심에 대한 인류의 의식은 진화하고 있다

집의 한가운데 불이 있고 이 따뜻한 모성적 불이 가족의 중심이라는 게 헤스티아의 믿음이다. 그런데 뭇 생명의 집인 지구의 중심에도 불이 있다. 헤스티아 숭배와 지구중심설, 즉 천동설은 밀접하게 연관된 이슈다. 천동설은 그리스의 천문학자 클라우디오스 프톨레마이오스의 가설인데, 태양과 달을 비롯해 우주의 모든 행성이 지구 주위를 돈다는 것이다. 이 가설이 르네상스 시대 전까지 인류가 우주를 상상해온 방식이다. 16세기 지동설의 등장을 코페르니쿠스 혁명이라 부르는데, 이는 헤스티아에 대한 치명적 도전이었다.

마음이든, 집이든, 지구든, 중심은 심리적 삶에 지대한 영향을 미치는 원형이다. 앞서 살펴본 오디세우스의 집이나 헤스티아의 은유는 굳건한 중심의 힘을 보여주는 사례다. 지구를 우주의 중심으로 보는 모델은 지구를 집이라고 상상하는 지구촌의 집단적 가치 형성에 도움을 주었다. 그러니 르네상스 시대에 이뤄진 지구가 태양의 궤도를 공전한다는 과학적 발견은 기존 가치와 세계관의 파국으로 이어졌다. 헤스티아가 움직인다는 것은 기존의 중심을 상실한다는 의미이기 때문이다. 지구가 안정된 집이라는 감수성의 상실은 지구촌 결속의 문제로도 이어진다.

지동설의 도래는 과학과 의식의 진일보를 넘어선 문제로, 이 발견은 종교적 신념에 대한 도전이었다. 과학사학자 토머스 쿤은 지구가 태양 주위를 돈다는 것은 과학적 정당성 이상의 문제로 우리가 중심을 떠나야 한다는 결정이라고 진단했다. 지동설이 나돌자 바티칸에서는 지동설을 주장한 과학자들을 감금하거나 화형을 시켰는데, 이들이 과학적 오류를 범했기 때문이 아니라 신앙 문제를 건드리는 불경죄를 범했기 때문이었다. 이는 기득권이 행사한 무자비한 폭력임을 부인할 수 없다. 진실을 말한다는 이유로 박해받는 일은 예나 지금이나 인간사에 꾸준히 있어왔다. 선각자적인 예언자들의 숙명이기도 한가 보다.

고대 그리스인은 우주를 천상, 지상, 지하로 나누었고, 이를 각기 제우스, 포세이돈, 하데스가 관장한다고 상상했다. 이 수직의 삼계에 신과 인간과 거인과 상상의 피조물이 각각 제자리에 거주하되 서로 긴밀한 영향을 주고받으며 산다고 보았다. 그리고 이러한 우주는 헤스티아를 중심으로 건축되었다. 그리스의 우주론은 세상이 어떻게 창조되었고, 왜 이런 모양이고, 나란 존재는 어떤 의미를 갖는지, 이런

• 신성로마제국의 황제 루돌프 2세에게 헌정된 시계 장치가 달린 천구(1579). 지동설이 제기되자 천문학에 대한 관심이 커지면서 이와 관련한 과학 장치들이 다수 제작되었다. 메트로폴리탄미술관 소장.

인간의 근원적 물음에 대한 그리스인의 상상의 산물이다. 이들이 현상을 이해하고 설명하는 방식이기도 하다.

오늘날까지 지대하게 영향을 미친 또 다른 우주관은, 근동 지역 사막 땅에서 탄생한 유대인의 우주관이다. 이들은 땅이 평평하고, 하늘에 별과 달이 달려 있다고 보았다. 우주를 천상과 지상, 특히 하늘과 그 너머의 세계라고 추정하는 모델인데, 지상의 영웅을 성인으로 대치하고 하늘을 승화시킴으로써 점차 지상과 천상의 거리가 멀어졌다. 자연히 현실의 삶과 몸, 물질의 세계, 그리고 어머니 지구는 일시적으로 머물다 가는 자리일 뿐 궁극의 목적지는 천상이다. 이로 인해 영과 육이 분리되고 지구는 죄의 장소로 전락하게 된다.

유대인의 우주관은 그리스인의 우주관에 비해 하늘이 너무 높아 올림포스보다 근접성이 떨어진다. 그러면서 인류 초창기 여신들의 자리가 사라졌다. 유대인의 우주관에서는 성모조차 지구를 떠나 승천한다.『우주 이야기』의 저자 토머스 베리 신부님은 현재 우리가 직면한 위기는 본질적으로 우주론의 위기라 하셨다. 현대의 놀라운 과학적 발견을 설득력 있게 보듬으면서 과학과 종교가 분열될 필요 없는 우주론이 절실하다.

땅을 떠나고 어머니를 벗어나 태양 가까이에 가는 것은 아폴론의 이상이다. 미국항공우주국NASA이 달 탐사선에 '아폴로'라는 이름을 붙인 것은 결코 우연이 아니다. 델피의 아폴론 신전 건축물이 시사하듯, 아폴론은 '더 높이, 더 멀리'를 외치는 상승과 승천에 대한 강박을 품은 신이다. 지난 2000년 인류가 땅에서 멀어지려 매진한 것은 헤스티아를 무시한 결과였다. 지구는 머물다 떠나면 되는 곳이라 여겼고, 그러니 자원을 남용하고 생태계도 파괴했다. 작금의 전 지구적 생태 위기는 이런 편향성의 마땅한 귀결일 것이다. 분석심리학자 아돌프 구겐빌 크레이그Adolf Guggenbühl-Craig는 편향된 신화는 언제나 위험하다고 했다. 아프로디테를 다룬 5장에서 언급했듯이 심층심리학에서는 억압하고 망각한 신이 사라지는 게 아니라 그림자로 되돌아온다고 설명한다.

비교적 최근에 등장한 가이아 가설은 아폴론 신화에 대한 반작용 중 하나일 것이다. 이는 지구를 살아 있는 유기체로 보고, 지구가 스스로 숨 쉬고 조절하며 생태계의 평형을 유지한다는 가설이다. 인류가 봉착한 최대 위기인 기후변화와 생명 다양성 파괴, 그 직접적인 결과물인 코로나 위기와 예측 불가능한 날씨 패턴, 더 이상 미래라 말할 수조차 없는 식량 위기, 기온 상승, 해수면 변화, 자연재해, 물 부족 등은 모두 가이아와 헤스티아를 무시해온 결과다.

현대 과학은 우주가 팽창하고 있다고 한다. 그렇다면 팽창하는 우주에서 헤스티아의 자리는 어디일까? 양자역학에서는 이를 모든 곳에 편재하는 중심omni-center이라는 개념으로 설명한다. 천문학자 브라이언 스윔Brian Swimme은 우주론 수업을 하면서 건포도 식빵을 예로 들어 이 개념을 설명했다. 건포도가 들어간 식빵 반죽을 오븐에 넣고 구우면 부풀어 오른다. 이때 반죽 안에 있던 각각의 건포도는 다른 건포도들로부터 거리가 멀어진다. 건포도 하나하나를 행성이나 은하로 본다면, 그리고 그중 하나를 지구라고 가정한다면, 결국 지구가 우주의 중심이다. 다만 중심이 단일한 지구에 있는 게 아니라 우주에 편재해 있다는 점이 고대 그리스인의 우주론과 현대 우주론의 차이다. 그간 지동설로 중심을 잃고 헤매던 헤스티아가 이렇게 다시 중심을 찾아가고 있다.

과학이 밝혀낸 놀라운 우주 이야기가 신화로 다시 태어나기를 고대한다. 인간은 본래 이야기를 통해 세상을 이해하기 때문이다. 과학적 진술은 아직 추상적이고 모호하게 느껴진다. 내 피부에 와 닿을 뿐 아니라 일생 음미할 수 있는 은유와 상징으로 구성된 신화가 탄생한다면, 생태 시대에 인간의 위치를 새롭게 정립하고, 중심이자 집으로서의 지구가 주는 안정감을 회복하고, 지구상의 뭇 생명들이 평화로운 삶의 양식을 배울 수 있지 않을까? 지구라는 헤스티아를 존중하는 길을 인류가 너무 늦지 않게 배우기를 바라며, 지구에서 가장 멀리 떠나본 우주인 버즈 올드린Buzz Aldrin의 감회를 통해 '우리의 집'을 새롭게 성찰해본다.

달에서 바라본 지구는 지구에서 바라본 보름달의 네 배 정도 크기였다. 지구는 칠흑 벨벳 하늘에 눈부신 보석이다. 그렇지만 집으로의 항해를 위한 도전을 고려할 때, 여전히 엄청난 거리다.

1969년에 인류가 행한 우주 오디세이아다. 우주 공간에서 지구를 바라본 소회는 과학자의 변이라기보다는 시인의 언어다. 달을 "장엄한 황량함"이라 표현했는데, 그 자리에서 바라본 광활한 칠흑 하늘에 떠 있는 하얀 구름 띠를 두른 푸른 별 지구, '홈'은 벅찬 설렘이다. 홈을 가장 멀리 떠나본 사람에게야말로 홈이 이토록 벅찬 감동으로 다가올 것이다. 우주 오디세이아를 통해 발견한 사실 하나가 우리가 사는 헤스티아의 아름다움이다. 달에서 지구를 바라본 최고 감동의 순간, 헤스티아와 아프로디테가 조우한다. 지금껏 인간이 아는 한 우주에서 유일하게 생명이 꽃핀 행성이 바로 지구다.

인간 눈이 무한히 연장된 제임스 웹 망원경은 지구가 유일하게 물이 있는 행성이라는 가설을 여지없이 무너뜨렸다. 언젠가 생명체가 사는 행성에 대한 새로운 정보도 전송될지 모르겠다. 인간이 발명한 이 거대한 눈이 상상조차 할 수 없었던 미지를 사진으로 전송해 보여준다. 이런 미지로의 의식 확장이 인간의 의식 진화에는 또 어떤 영향을 미칠지 숨 가쁘게 기다려진다. '홈'에 대한 개념 또한 진화할 것이다. 우주로의 확장과 지구라는 헤스티아의 중요성은 헤르메스와 헤스티아의 관계처럼 하나가 다른 하나를 약화하거나 대치하는 것이 아니다. 시공간이 더 멀리, 더 깊이 확장되면 홈에 대한 구심력도 더 굳건히 강화될 것이다.

• 2022년 7월 12일 제임스 웹 망원경이 지구로
보내온 심우주(深宇宙, deep field)의 모습. 장시
간 적외선 노출을 통해 촬영한 46억 년 전의
은하단이다. ©NASA, ESA, CSA, and STScI

# 시작과 끝을 함께하는 헤스티아를 위하여

그리스인들은 "반드시 헤스티아 여신에게 제물을 바쳐야 한다"라고 말한다. 여신 헤스티아는 신보다는 인간과 훨씬 진밀하다. 여신은 우리 일상에 너무 가까이 있어서 오히려 드러나지 않는데, 여신의 부재는 확연하게 느낄 수 있다. 쉬고 싶어서, 구수한 된장찌개가 기다려져서, 따스한 평온이 그리워서, 가족의 웃음소리를 듣고 싶어서 서둘러 집으로 향하고픈 마음이 일지 않는다면, 헤스티아를 제대로 섬기고 있는지 물어볼 일이다.

가족을 위한 자리를 지키는 헤스티아는 "자선은 집에서부터 시작한다"라고 말한다. 친절이나 관대함은 나와 우리로부터 시작된다는 것, 그것이 헤스티아가 우리 각자에게 요구하는 신성한 의무다. 여신은 식탁에 누군가를 초대하기 전에 도란도란 밥상에 둘러앉아 그날 있었던 일을 함께 얘기하는 정겹고 소박한 일상을 선물처럼 즐기라 말한다. 심리학을 공부할수록 헤스티아의 가치를 더 깊이 인식하게 된다. 행복도, 풍요도 내 안에 그득해야 바깥으로 흘러 이웃이나 타인에게 전염되듯 확산이 된다. 내면의 곳간이 부실한데 남을 돌보려 애쓰는 것은 갈급한 나를 더 고갈시킬 뿐이다. 이런 상태에서 '베푸는 것이 기쁨이다' '나눔이 사랑이다' 같은 이타적 메시지를 신봉한다면, 삶은 감사가 아니라 억울함으로 채워질 것이다. 내면의 경제를 확고히 하는 것, 이것이 헤스티아의 핵심 가치다.

여신 헤스티아는 늘 우리와 함께하지만 구체적으로 의인화된 이미지가 많지 않다. 따끈한 구들장, 아궁이 속 장작불, 식탁 주변의 안온함같이 비인격화된 상태라 느낌이나 온도로 감지될 뿐이다. 마치 우리가 모이는 자리가 여신의 몸 안이라 여신을 볼 수 없는 것 같기도 하다. 머무는 자리를 헤스티아의 몸이라 상상하니 공간이 심리적 실체로 다가온다.

소우주인 내 몸, 가족이 함께 사는 집, 뭇 생명과 무생물이 거주하는 지구, 그리고 광활하면서도 계속 팽창하고 있는 우주, 이 모든 것의 중심이 굳건하고 안전할 때 정신의 내밀한 면도 마치 미지의 우주가 드러나듯 펼쳐져 나온다. 판타지와 백일몽이 피어나는 내면세계 또한 안전과 평화를 필요로 한다. 이런 자리가 진정 영혼이 거주하는 집일 것이다. 영혼의 집을 가꾸는 관심과 정성, 그것이 곧 헤스티아 여신에 대한 헌신이다.

그리스에서는 만찬의 첫 잔과 마지막 잔 건배사를 언제나 '헤스티아를 위하여'라 했다. 하루의 시작과 마침, 인생의 출발과 완결의 시간을 여신이 굳건하게 지키는 안전과 풍요 속에서 보내고 싶다. 모두에게 필요한 진정한 귀가, '홈커밍homecoming'의 자리는 공기가 온기로 데워지고, 맛있는 음식 내음이 허기진 배를 유혹하고, 가족들이 도란도란 저마다의 이야기를 풀어내는 소담한 풍경일 것이다. 더 이상을 바라는 건 사치일 만큼 헤스티아의 자리는 따뜻하고 온전하다.

여신을 위하여 호메로스의 찬가를 노래한다.


헤스티아! 지구상에 영생하는 신과 인간, 그 모든 숭고한 거주자 가운데 당신이 가장 영속적이고 고귀한 영예를 얻었습니다. 영예가 바로 당신의 몫이자 권리입니다. (……) 당신이 없다면 인간은 잔치를 벌일 수 없습니다. 잔치를 관장하는 여신을 위해 첫 잔과 마지막 잔을 바칠 수 없기 때문입니다.

· 이 도서는 한국출판문화산업진흥원의 '2022년 중소출판사 출판콘텐츠 창작 지원 사업'의
일환으로 국민체육진흥기금을 지원받아 제작되었습니다.

**마음 오디세이아 1**
그리스 여신들의 자취를 따라 떠나는 여행

ⓒ 고혜경

초판 1쇄 발행 | 2022년 9월 8일

지은이 | 고혜경
펴낸이 | 임윤희
편   집 | 천경난 오지은
디자인 | 송윤형
제   작 | 제이오

펴낸곳 | 도서출판 나무연필
출판등록 | 제2014-000070호(2014년 8월 8일)
주소 | 08613 서울 금천구 시흥대로73길 67 엠메디컬타워 1301호
전화 | 02-2038-8821
팩스 | 0303-3445-8187
이메일 | book@woodpencil.co.kr
홈페이지 | woodpencil.co.kr

ISBN | 979-11-87890-42-3  04180
        979-11-87890-40-9  04180 (세트)